ELISABETH
SANDMANN

1. Auflage

© 2015, Elisabeth Sandmann Verlag GmbH, München

ISBN 978-3-945543-05-4

Alle Rechte vorbehalten

Bildmontagen	Reinhold Löffler
Texte	Ulrich Kühne
Gestaltung	Jan Russok
Herstellung	Jan Russok, Peter Karg-Cordes
Druck und Bindung	Neografia, Martin

Besuchen Sie uns im Internet unter www.esverlag.de

Ins Bild geschlichen

Unsere Besten
Die Promi-Galerie

Reinhold Löffler
Ulrich Kühne

ELISABETH
SANDMANN

Inhalt

Editorial

Seit bald sieben Jahren gibt es »Ins Bild geschlichen«, ein
Buch, von dem wir zunächst nicht dachten, dass wir so viele
Auflagen drucken, Aktualisierungen vornehmen und so viel
Begeisterung auslösen würden.

Der Grund für diesen Erfolg liegt darin, dass sich in Ulrich
Kühne und Reinhold Löffler ein geradezu kongeniales Paar gefunden hat, das sich in cincr Weise ergänzt, wie man es sich
nicht besser wünschen könnte. Der eine, Reinhold Löffler, ist
ein Meister der Montage, denn was hier auf den Bildern so
aussieht, als wäre es nie anders gewesen, ist in Wahrheit das
Ergebnis intensiver Beobachtung und Recherche. Reinhold
Löffler kennt nicht nur eine Vielzahl an Gemälden, er muss
auch wissen, wo jenes Konterfei mit seiner spezifischen Mimik zu finden ist, das ideal zu dem Körper im Gemälde passt.
Häufig ergeben sogar die Titel der alten Gemälde eine zusätz-
liche Ebene der Ironie, die sich im neuen Bild gewissermaßen
spiegelt. Ulrich Kühne wiederum ist ein Meister des Wortes
und des Sprachwitzes. Seine Texte sind witzig und tiefsinnig,
doppelbödig und eindeutig, fantasievoll und wahrhaftig, so-
dass man am Ende Dichtung für wahr (und umgekehrt) hält –
und genau darin besteht ein Aspekt der Komik.

Mit dieser Sammlung haben wie nunmehr die besten Bilder
der letzten sieben Jahre ausgesucht und dabei festgestellt, wie
schnelllebig sich die Welt unter den Augen der Öffentlichkeit
wandelt. Bei den Wenigsten der Abgebildeten ist alles beim
Alten geblieben und der Lack noch ohne Kratzer. Genau genommen hat sich in diesen sieben Jahren neben der engli-

schen Königin Elizabeth II. nur auch Angela Merkel in ihrem Amt halten können, und beide führen es noch immer mit der gleichen Wohltemperiertheit aus. Selbst Könige wie Juan Carlos I. haben nicht nur schwer an Ansehen eingebüßt, das Zepter ist unterdessen längst an die nächste Generation weitergereicht. So ist diese Sammlung auch ein Stück unterhaltsame Zeitgeschichte, in der man immer wieder blättern und sich auf geistreiche Weise amüsieren kann. Natürlich haben wir auch diesmal wieder Prominente aufgenommen, die gerade jetzt unser Zeitgeschehen prägen wie Franz-Peter Tebartz-van Elst, Uli Hoeneß, Helene Fischer, Christine Haderthauer, die Alternative für Deutschland AfD, ebenso »alte Bekannte« wie Angela Merkel, Wolfgang Schäuble, Barack Obama und Wladimir Putin.

Angeregt wurde das erste Buch von Helmut Böger, der viele Jahre Chefreporter bei der »Bild am Sonntag« war. Ihm sei an dieser Stelle endlich einmal von Herzen gedankt. Er hat eine ganze Lawine von »Ins Bild geschlichenen«-Büchern ausgelöst, die mittlerweile sogar gesammelt werden. Er hat den Verlag mit Reinhold Löffler und dem 2012 verstorbenen Professor Dr. Walther Keim zusammengebracht. Letzterer begleitete als Herausgeber die ersten Bände.

Wenn Politik und Gesellschaft, Sport, Adel und Unterhaltung weiter so vielschichtige Vorlagen für Spott und Witz liefern, und daran haben wir eigentlich gar keinen Zweifel, dann wird es diese Reihe noch viele, viele Jahre geben.

Ihr Elisabeth Sandmann Verlag

Vorwort

Vorworte sind wichtig. Denn obwohl man hier als Vorwortschreiber völlig gewiss sein darf, dass kein Buchkäufer angesichts der spektakulären Bilder in diesem Buch auf die Idee kommen wird, Zeit mit dem Lesen des Vorworts zu verschwenden, eröffnet das Vorwort doch die willkommene Gelegenheit, gewissermaßen für das Archiv beziehungsweise für Doktoranden einer fernen Zukunft, Dinge richtig zu stellen, Missverständnisse aufzuklären und Diffamierungen entgegenzutreten.

Nachdem vor fünf Jahren der zweite Band mit 61 neuen Bildern aus der Sammlung Reinhold Löffler herauskam und damit klar wurde, dass die erste Veröffentlichung von 62 seiner Bilder im Jahr 2008 kein singulärer, gleichsam wundersamer Einzelfall bleiben würde, brauchte es nicht lange, bis der Verdacht im Raum stand, es würde sich bei den Entdeckungen von Reinhold Löffler um Fälschungen handeln. Von »Manipulationen« war die Rede und von »Photoshop«. Ein Kritiker verstieg sich sogar zu der Behauptung, Löfflers Arbeiten müsse man in einer Traditionslinie verorten, die von den berüchtigten Fotofälschungen unter Josef Stalin bis zu den aus Eitelkeit wegretuschierten Speckröllchen auf den Urlaubsfotos von Nicolas Sarkozy reicht.

Aber welchen Beweis gibt es für solche Behauptungen? Keinen. Eben! Gewiss, es überfordert die Fantasie von Kleingeistern, sich vorzustellen, dass Maler des Französischen Impressionismus auch deutsche Politiker auf ihre Leinwand bannten. Und natürlich besitzt nicht jeder die logische Verstandeskraft, um glauben zu können, dass auf einigen Werken aus der italienischen Frührenaissance Prominente abgebildet sind, die heute noch leben und Schlagzeilen machen. Aber Logik ist die Krücke von Leuten, die keine empirischen Beweise haben.

Wir aber haben die Beweise. Bedeutende Wissenschaftsphilosophen des Empirismus bestätigen immer wieder: »Sehen heißt glauben!«. Die Bilder in diesem Band, so überraschend sie auch erscheinen mögen, sehen wir klar und eindeutig vor uns, also müssen wir glauben, dass sie wahr sind. Der Bildakt ist eine Verkörperung der Wahrheit. Und nur um Wahrheit soll es hier gehen.

Bemerkenswert sind allerdings die subtilen Variationen. Es gibt nicht bloß eine Wahrheit, nein, auch nicht zwei Wahrheiten – eine vorsichtige Zählung ergab mittlerweile mindestens ein Dutzend verschiedene Ausgaben der Sammlung von Reinhold Löffler. Einige davon nur »geringfügig aktualisierte« Neuauflagen mit nur für Experten erkennbaren Veränderungen, andere völlig neu wie der Springteufel aus den Tiefen der Kunstarchive, aber immer sehr verwirrend. Aus diesem Grund haben wir hier einen dreizehnten Band zusammengestellt, der Material aus sämtlichen bisher erschienenen Bänden vereint, aber auch gänzlich neue Bilder, die bisher nirgendwo gezeigt wurden, völlig unbekannt waren und vom Establishment unserer professoralen Kunsthistoriker so gar nicht für möglich gehalten wurden. Aber das schreckt uns jetzt nicht mehr.
Dr. Ulrich Kühne

Angela Merkel

Man sollte meinen, dass über Maler, Motiv und Werk schon alles gesagt ist. Tatsächlich jedoch sind die Geheimnisse dieses Bildes noch nicht einmal im Ansatz entdeckt, geschweige denn entschlüsselt. Endlos, aber unergiebig sind die Diskussionen, ob etwa in der Stellung des linken Zeigefingers ein Hinweis auf die Neuregelung des Halbeinkünfteverfahrens bei der Besteuerung von Kapitalgewinnen angedeutet ist. Die Versuche, aus der asymmetrischen Linienführung des Scheitels von Angela Merkel ein nahes Ende der großen Koalition abzuleiten, können kaum als blindes Stochern im Kaffeesatz bezeichnet werden. Dabei sind manche Indizien, die Leonardo da Vinci in seinem Werk eingebaut hat, so offensichtlich, dass man sich über die Ignoranz der Exegeten und Kommentatoren nur wundern muss. Oder glauben Sie noch an die Einführung eines Mindestlohns für Kulturschaffende, wenn Sie »der Merkel« einfach nur fest in die Augen schauen? Nehmen Sie sich die Zeit, das Bild in allen Details zu studieren.

■ Leonardo da Vinci (1452–1519), **Mona Lisa (La Gioconda)**
1503–1505, Paris, Musée du Louvre

Andrea Nahles

So schön und richtig es ist, die Malerei von John William Waterhouse dem akademischen Realismus zuzuordnen und vornehmlich aus dem Blickwinkel seiner offen zur Schau getragenen
Verehrung für die »Präraffaelitische Bruderschaft« (Dante
Gabriel Rossetti, John Everett Millais, William Hunt, Edward
Burne-Jones u.v.a.) zu interpretieren, so leicht vergisst man bei
dieser akademischen Betrachtung, einfach die starke, unver-
fälschte Erotik seiner weiblichen Modelle zu bewundern. Sex
lässt sich nicht animalischer darstellen, schon gar nicht im
viktorianischen England, als in seinem Bild »Hylas und die
Nymphen«; Verlangen und Sehnsucht stehen im Zentrum seines berühmtesten Werks »The Lady of Shallot«; meisterhaft
die fordernde Sinnlichkeit der barbusigen Nymphe Echo in
»Echo und Narzissus«. Schon vorher hatte er für eine Szene aus
Shakespeares »Macbeth« die parteilinke Sozialdemokratin
Andrea Nahles als Hexe gemalt, hochgeschlossen, willensstark
und mit eiskaltem, prüdem Stolz das Gift zum Meucheln ab-
trünniger Parteifreunde mischend.

■ John William Waterhouse (1849–1917), **Magic Circle**, 1886,
London, Tate Britain

Franz Müntefering

Das war keine besonders freundliche Geste von Franz Müntefering, sich zum Abschied aus der Politik 2007 in der Pose des berühmten Meisterwerks von Rembrandt: »Jeremias beklagt die Zerstörung Jerusalems« malen zu lassen. Gerüchteweise haben seine früheren Mitarbeiter das Bild irgendwo im Keller des Ministeriums für Arbeit und Soziales in die Ecke gestellt, und nicht wie üblich in der stolzen Ahnengalerie der ehemaligen Minister aufgehängt, um nicht ständig an seine düsteren Prophezeiungen gemahnt zu werden.

Geholfen hat es nicht. Wenig später war der Sozialstaat ruiniert, die Weltwirtschaft am Boden, die Koalitionsregierung zerstritten, und überall im Land ward vernommen ein einzig Jammern und Klagen. Und was macht Müntefering in der Stunde der höchsten Not? Er meldet sich freiwillig zurück als erster Parteisoldat der Sozialdemokratie – frisch, fröhlich und voller Optimismus. Vielleicht auch nur, um im Jahr 2010 die irdische Vollendung seiner Prophezeiung »Agenda 2010« aus der ersten Reihe heraus und mit eigenen Augen beobachten zu können.

■ Rembrandt van Rijn (1606–1669), **Jeremias beklagt die Zerstörung Jerusalems**, 1630, Amsterdam, Rijksmuseum

Guido Westerwelle

Es ist schon wahr, die Bilder von William Adolphe Bouguereau fallen wohl größtenteils unter die Kategorie »Kitsch«, aber es ist ein schöner Kitsch, so liebreizend, lebensfroh, farbkräftig und meistens vollbusig er uns entgegenstrahlt. Legendär seine ungezählten Nymphen und Satyre, Badende und Venen (Venusse?). Allein schon seine berühmte »Allegorie auf den Vorwand, eine nackte Frau malen zu dürfen« ist in über 50 Variationen überliefert. Ungewöhnlich, dass er einen Cupido mit Badehose gemalt haben soll. Die äußere Ähnlichkeit mit dem libertären (liberalen?) Parteivorsitzenden Westerwelle ist rein zufällig.

■ William Adolphe Bouguereau (1825–1905), **Cupidon**, 1875,
In Privatbesitz

Annette Schavan

Irgendwo im Zwischenbereich seiner Konversion vom Schlachtenmaler des Amerikanischen Bürgerkriegs zum Landschaftsmaler verträumter Fischerdörfer an Neuenglands einsamen Küsten gab es einen kurzen Augenblick, als Winslow Homer, noch ganz im kalten Realismus des Kriegs verhaftet, aber schon zurück im zivilen Leben, sich den Kämpfen der Schulpolitik zuwandte. Aus dieser Zeit stammt sein Porträt der deutschen Bildungsministerin Annette Schavan, beim Versuch, ein vereinfachtes, zum Curriculum des verkürzten »G8«-Abiturs passendes Schreibsystem für ägyptische Hieroglyphen einzuführen. Der Versuch ist gescheitert, die Schüler rasselten allesamt bei ihren Pisa-Prüfungen durch, und Winslow Homer setzte sich, wie gesagt, in die Wildnis von Prout's Neck, Maine, ab.

Winslow Homer (1836–1910), **Blackboard**, 1877,
Washington, D.C., National Gallery of Art

Gerhard Schröder

Für Künstler und Kanzler gibt es keinen Ruhestand. Für Carl Spitzweg bedeutete das bis ins hohe Alter: frühmorgens aufstehen, malen, nach Sonnenuntergang Kerze anmachen, Gedichte dichten, Kerze auspusten, kurz schlafen und am nächsten Tag wieder von vorne. Mit zunehmendem Alter waren seine Figuren immer weniger karikaturhaft überzeichnet. Immer öfter malte er einfache Idyllen, wie beispielsweise von Gerhard Schröder, der auch nach seiner Entlassung aus dem Bundeskanzleramt keine Ruhe fand und sogar die sonntäglichen Familienausflüge in die Lüneburger Heide dazu benutzt, im Auftrag seines neuen Arbeitgebers die Streckenführung von zukünftigen russischen Erdgaspipelines abzulaufen.

■ Carl Spitzweg (1808–1885), **Der Sonntagsspaziergang**, 1841, Salzburg, Museum Carolino Augusteum

Gregor Gysi & Oskar Lafontaine

Man vergisst leicht, dass die Kunstwerke, die heute als Klassiker des bürgerlichen Bildungskanons staatstragend in den Museen hängen, nicht selten in einem Ambiente bitterster Armut von randständigen Gestalten der Gesellschaft erschaffen wurden. 1886 schrieb Émile Zola den Roman »L'œuvre«, ein literarisches Porträt des »an seinen Ansprüchen gescheiterten« Malers Paul Cézanne. Cezanne dankte es ihm mit dem Abbruch der Freundschaft und verabschiedete sich aus Paris in die Provinz bei Aix, um endlich ungestört zu sein und an den FKK-Badeseen der Umgebung die Seerosen und Frauen malen zu können. Cézanne suchte seine Motive oft auch in der linken Szene, bei Gauklern auf den Jahrmärkten – wie hier zum Beispiel die beiden Gründer einer sozialistischen Splitterpartei Oskar Lafontaine und Gregor Gysi auf dem Bild »Fastnacht« von 1888. Wie durch ein Wunder wurden auch diese beiden später berühmt, nahmen die 5-%-Hürde im Sturm und dürfen sich längst als staatstragende Repräsentanten des bundesdeutschen Parlamentarismus ansehen.

■ Paul Cézanne (1839–1906), **Fastnacht**, 1888, Moskau, Puschkin-Museum für bildende Künste

Renate Künast

Die einfachen Volksvertreter der Grünen Partei waren ein Lieblingsmotiv des früh verstorbenen französischen Realisten Jules Bastien-Lepage. So malte er Renate Künast bei der Kartoffelernte auf einem ökologischen Landwirtschaftsbetrieb in Lothringen – sichtlich erstaunt über die reiche Ernte lange vor der Erfindung von Genmanipulation, Kunstdünger und Pestiziden. Natürlich konnte es nicht ausbleiben, dass sich bei der Vernissage einige leidlich bekannte Politikerkollegen aus dem konservativen Lager köstlich mit dem uralten Sprichwort über die Bauern, die die dicksten Kartoffeln ernten, zu amüsieren schienen.

■ Jules Bastien-Lepage (1848–1884), **Die Kartoffelernte**, 1879,
Melbourne, National Gallery of Victoria

Egon Krenz & Günter Schabowski

Freiheit! Das ganze faule Lotterleben und die Privilegien in den Bonzenvillen von Wandlitz sind nichts, verglichen mit der Freiheit eines mittellosen Tramps. Hans Baluschek, der sich schon Marxist nannte, als Erich Honecker noch in die Windeln machte, nutzte die Zwangspause, seine Malsachen rauszuholen und wieder eines dieser idyllischen Stimmungsbilder zu erschaffen, wie sie nur der real existierende Postsozialismus hervorbringt. Hinten steht Günter Schabowski, der seinerzeit eher durch Schusseligkeit denn durch Planung sein Vorleben als Funktionärsspießer aufgeben musste und das Tor zur Freiheit aufstieß. Vorne entspannt sich Egon Krenz auf eine Weise, die im Arbeiter- und Bauernstaat noch als bürgerlich-dekadent verpönt war. Und fast zwanzig Jahre nach ihrem Fall haben auch die Mauerreste hinter den Bäumen ihren Schrecken fast verloren.

■ Hans Baluschek (1870–1935), **Vagabunden**, 1921, Berlin, Märkisches Museum

George W. Bush

»Rein zufällig« tauchte dieses Kindheitsbild des späteren Präsidenten George W. Bush in der Presse auf, nachdem Bush jr. wegen der skandalösen Versorgungsmängel von amerikanischen Soldaten im Irak unter Beschuss geraten war. »Seht her!«, soll uns das Bild vermutlich sagen, »mit der richtigen patriotischen Einstellung kann man auch barfuß in den Krieg ziehen! Hat sich etwa der kleine George über fehlenden Nachschub an Kleidung, Schuhen und Munition beschwert?« – Eben!
In seinem letzten Interview für die »New York Times« kurz vor seinem Tod beklagte der Maler John George Brown bitterlich die Verweichlichung der heutigen Jugend. »Die altmodischen Gossenjungs von damals sind heute praktisch aus den Hinterhöfen und unter den Brücken von New York verschwunden. Manche von denen, die ich gemalt habe, sind später reiche und vornehme Bürger geworden, und alle hatten den wahren ›Amerikanischen Geist‹ von Abenteuer und freiem Unternehmertum, der heute aber offenbar ausgestorben ist und den man zukünftig nur mehr auf meinen Ölbildern bewundern kann.«

■ John George Brown (1831–1913), **The Young Patriot**, 1876, Texas, Amarillo Museum of Art

Nicolas Sarkozy

Jean-Auguste-Dominique Ingres hat Nicolas Sarkozy zweimal gemalt; einmal, als Sarkozy noch einfacher »Superminister« der Regierung Raffarin war: Das Bild zeigt ihn in einer vergleichsweise bescheidenen Pose neben seinem Schreibtisch, geschäftig in Papierkram gruschelnd. Nach seiner Wahl zum französischen Staatspräsidenten wollte Sarkozy nochmals von Ingres gemalt werden, diesmal im vollen Ornat seiner Macht breitbeinig auf dem siegreich errungenen Kaiserthron (unser Bild), ohne feige Rücksicht auf die gesellschaftlichen Anstandsregeln des Understatements.

Die besondere Beziehung zwischen Sarkozy und Ingres lässt sich nur verstehen, wenn man weiß, dass Carla Bruni jahrelang als Modell für Ingres gearbeitet hat. In seinen anspielungsreichen Meisterwerken »Odaliske und die Sklavin«, »Angelika in Ketten« und »Das Türkische Bad« hat er ihre Schönheit verherrlicht. Und genau zu dieser Zeit war es, als beide, Sarkozy und Bruni, sich erstmals, im Atelier von Ingres, begegneten.

Jean-Auguste-Dominique Ingres (1780–1867), **Napoleon auf seinem Kaiserthron**, 1806, Paris, Musée de l'Armée

Alice Schwarzer

»Tausende und Abertausende finden keine Befriedigung mehr in der alten, durch Tradition oder Herkommen geheiligten Weltanschauung; sie suchen nach einer neuen, auf naturwissenschaftlicher Grundlage ruhenden einheitlichen Weltanschauung.« Mit diesem Aufruf des Evolutionsbiologen, Humanisten und Atheisten Ernst Haeckel wurde 1906 der »Deutsche Monistenbund« gegründet. Eines der ersten Mitglieder war der Maler Franz von Stuck, der es sich nicht nehmen ließ, seine Mitstreiter für Aufklärung und Menschlichkeit und gegen kirchlichen Dogmatismus und ideologische Verblendung in kostbaren Ölgemälden zu verewigen. Unter ihnen auch Alice Schwarzer, die berühmte Publizistin und Vorkämpferin für die Rechte der Frauen. Trotz oder gerade wegen ihres mutigen öffentlichen Auftretens hat sich Alice Schwarzer immer streng gegen ein aufgezwungenes »Outen« ausgesprochen und auf Diskretion im Umgang mit ihren Vereinsmitgliedschaften bestanden. So musste auch Franz von Stuck sein Bild von ihr mit dem doppelten Pseudonym »Tilla Durieux als Circe« signieren.

Franz von Stuck (1863–1923), **Tilla Durieux als Circe**, um 1913, Berlin, Alte Nationalgalerie

Günter Grass

Zu der Zeit, als dieses Bild entstand, wussten die Betrachter, dass Seifenblasen kein harmloses Kindervergnügen sind, sondern ein drastisches metaphysisches Symbol für die Vergänglichkeit des Lebens. Vanitas! Alle Herrlichkeit der Erde wird zerplatzen, und nichts wird übrig bleiben! Vanitas vanitatum, omnia vanitas!

Der vorne abgebildete Knabe, Günter Grass, wurde später übrigens ein berühmter Schriftsteller und hat in seinen Werken oftmals auf die Bildmotive seines frühen Förderers Jean-Baptiste-Siméon Chardin, des Meisters des Rokoko-Stilllebens, Bezug genommen, indem er beispielsweise ganze Romane über Aale, Butte, Schnecken, Zwiebel, Katzen, Rättinnen und Mäuse schrieb, die beliebteste Jagdbeute auf Chardins lebensmittellastigen Stillleben.

■ Jean-Baptiste-Siméon Chardin (1699–1779), **Die Seifenblase**, 1733/34, New York, Metropolitan Museum of Art

Marcel Reich-Ranicki

Die Bildkomposition ist unausgewogen, die Ausarbeitung fahrig, in den Rändern geradewegs schlampig; die Motivwahl besticht durch entsetzliche Langeweile und zeigt nicht den geringsten Versuch des Malers, sich aus dem Sumpf abgeschmackter Klischees zu erheben oder einen eigenen Gedanken zu entwickeln. Das Bild ist schlecht, abgründig schlecht, sein Urheber bar jedes Talents.

Aber all das ist noch milde ausgedrückt, verglichen mit dem, was Carl Spitzweg an Kommentaren von Marcel Reich-Ranicki zu erwarten gehabt hätte, wenn er, statt ihn zu malen, über ihn geschrieben hätte.

■ Carl Spitzweg (1808–1885), **Der Bücherwurm**, um 1850,
Schweinfurt, Sammlung Georg Schäfer

Anke Engelke

Der Gesichtsausdruck von Anke Engelke auf diesem Bild ist
verständlich, wenn man bedenkt, dass sie direkt in die Augen
von Henri de Toulouse-Lautrec schauen musste, dem nur
152 cm kleinen, aber mit supergroßem Ego ausgestatteten
schlimmsten Womanizer unter den Malern der Pariser Boheme.
Henri hatte auch sie mit seiner alten Masche »Ich mache dich
zum Superstar!« verführt, für ihn Modell zu sitzen. Jetzt kam
er allerdings schon zum wiederholten Male mit dem dämlichs-
ten aller Machosprüche: »Halt zwei Minuten still, damit ich
dich glücklich machen kann!«
Objektiv bestand nicht die geringste Chance, dass Toulouse-
Lautrec hiermit für ein potenzielles Techtelmechtel nach dem
Malen hätte punkten können.

■ Henri de Toulouse-Lautrec (1864–1901), **Sitzende Tänze-
rin im pinkfarbenen Trikot**, 1890, In Privatbesitz

Hape Kerkeling

»Sehr witzisch!«, war Albert Ankers trockener Kommentar, als sein Modell »Hannilein« sich plötzlich als der ausgewachsene deutsche Großkomiker Hape Kerkeling outete. So endete Ankers künstlerisches Altersprojekt, sämtliche Schüler der »Kleinkinderschule auf der Kirchenfeldbrücke« bei Ins im Schweizer Kanton Bern in aufwendigen individuellen Charakterstudien zu porträtieren, mit dem Schenkelklopfen und einem breit gebrüllten »Hurz!« seiner Kritiker.

■ Albert Anker (1831–1910), **Schüler mit Schiefertafel**, 1881, Winterthur, Sammlung Oskar Reinhart

Petra Gerster

Albert Joseph Moore, Sohn des Malers William Moore und Bruder der Maler John Collingham Moore und Henry Moore (nicht zu verwechseln mit dem gleichnamigen Bildhauer), hat sich strikt dagegen gewandt, mit Bildern etwas ausdrücken zu wollen, eine Geschichte zu erzählen, ein Anliegen zu verfolgen. Malen war für ihn eine dekorative Angelegenheit, ein Spiel mit Linien; Mustern und Farben. Aber er hatte auch nichts dagegen, dass auf dem schönen Blumensofa, das er eigentlich abmalen wollte, Frau Gerster Platz genommen hatte, die Frontfrau der Politiknachrichten aus dem Zweiten Deutschen Fernsehen.

■ Albert Joseph Moore (1841–1893), **Pansies**, 1875,
In Privatbesitz

Johann Lafer

Nachdem er mit Sternen des »Guide Michelin«, Preisen von »Gault Millau«, der »Ecole des Chefs« und vielen anderen Ehren überhäuft wurde, war klar, dass Johann Lafer bald auch mit der hässlichen Seite des Ruhms, mit dem Neid und der Missgunst der Untalentierten, konfrontiert würde. Das hier wiedergegebene Pamphlet lässt sich mühelos als plumpe Fotomontage entlarven, ganz einfach, weil es Lafer falsch, unwahr, verleumderisch und unvorteilhaft darstellt. Als Vorlage diente dem üblen Scherzkeks offenbar das Bild »Junger Koch« von Joseph Bail, einem rückwärtsgewandten Vielmaler von Ölschinken und anderen bei Kleinbürgern beliebten Bildprogrammen, der heute zu Recht vergessen ist.

Joseph Bail (1862–1921), **Junger Koch**, 1893,
St. Petersburg, Eremitage

Wladimir Klitschko

Das etwas angespannte Verhältnis des Profiboxers und Publikumslieblings Wladimir Klitschko zu seinem fünf Jahre älteren Bruder Vitali ist schon aus zahlreichen Fernsehwerbespots für Schokoriegel und andere Süßspeisen bekannt. Die geschwisterlichen Sticheleien erreichten einen neuen Tiefpunkt, als sich Wladimir für viel Geld von dem berühmten niederländischen Barockmaler Hendrick Goltzius in der Pose des »Herkules erschlägt den Cacus« auf Leinwand verewigen ließ. – Nur zur Erinnerung: Cacus war in der antiken Mythologie ein brutaler, rüpelhafter Riese, der dem jugendlichen Halbgott und Helden Herkules ein paar Rinder stibitzt hatte und daraufhin von ihm unsportlich mit der Keule niedergestreckt wurde.

■ Hendrick Goltzius (1558–1616), **Herkules erschlägt den Cacus**, 1613, Haarlem, Frans Halsmuseum

Steffi Graf

Nicht allein die Tatsache, dass sie für dieses Bild, das vor der Erfindung von Digitalkamera und elektrischem Blitzgerät aufgenommen wurde, ganze fünfzehn Stunden lang still stehen musste, bis der französische Rokokomaler Jean-Baptiste-Siméon Chardin endlich den Ölpinsel aus der Hand legte, ist der Grund, weshalb Steffi Graf so ungehalten dreinschaut. Auch die strikte Weigerung des Malers, das Markenemblem ihres Hauptsponsors auf dem feschen Sportrock abzumalen, trug nicht zur Entspannung der Situation bei. Für Chardin war es der einzige Abstecher in die Welt der Reichen, Schönen und Berühmten. In seinem späteren Schaffen widmete er sich wieder den Stillleben und hier mit besonderer Liebe leblosen Arrangements von vornehmlich toten Fischen, Gemüse und erlegten Nagetieren. Und hier und da mal einem seifenblasenpustenden Knaben.

■ Jean-Baptiste-Siméon Chardin (1699–1779), **Das Mädchen mit dem Federball**, 1741, Florenz, Galleria degli Uffizi

Franz Beckenbauer

Das Gemälde, das der seinerzeit erst 29 Jahre alte Friedrich Amerling von Kaiser Franz anfertigte, zählt zu den bekanntesten des Beckenbauerbarocks aus der klassizistischen Periode. Als Paradebeispiel für den sogenannten »Akademischen Stil« entbehrt es absichtlich jeglicher Ironie, verzichtet vollständig auf Fantasie und Hintersinn und zeigt nur, was offensichtlich ist und auch von niemandem bestritten werden kann. Amerling wurde für diesen Verdienst an der Wahrheit von Kaiser Franz mit einem Adelstitel geehrt.

■ Friedrich von Amerling (1803–1887)
Kaiser Franz I. von Österreich im Krönungsornat, 1832,
Wien, Weltliche Schatzkammer

Prinz Charles

Um 1500 vollendete der venezianische Renaissancekünstler
Giovanni Bellini, ein Lehrer Tizians, eine Reihe berühmter alle-
gorischer Gemälde auf die Lust, die Falschheit, die Eitelkeit,
die Melancholie und das Fegefeuer. Aus dieser Zeit sind auch
eine Reihe von Porträtskizzen überliefert, Köpfe von zumeist
eleganten jungen Männern des Hochadels im Halbprofil, beispielsweise vom venezianischen Dogen Leonardo Loredan, von
Teodorus von Umbrien und vom englischen Thronfolger
Charles (unser Bild). Es lässt sich heute nicht mehr feststellen,
welchen Kopf Bellini für welche Allegorie eingeplant hatte.

■ Giovanni Bellini (ca. 1430–1516), **Porträt des Dogen
Leonardo Loredan,** um 1501, London, National Gallery

Angela Merkel

Auch von Gerhard Schröder ist überliefert, er habe einst als Jungspund voller Ehrgeiz eines Nachts am Tor des Kanzleramts gerüttelt »Ich will hier rein!«. Das Bild der blutjungen Angela Merkel in der Pose einer imperialen Regentin – mit offensichtlichem Spaß an ihrer späteren Lebensrolle – ist erst jetzt im Nachlass von Albert Joseph Moore aufgetaucht. Wie und wo die damals völlig unbekannte Pastorentochter dem britischen Meister der klassizistischen Hetärenmalerei begegnet ist, bleibt ein Rätsel.

■ Albert Joseph Moore (1841–1893), **Tagträumerei**, 1892, Birmingham Museums and Art Gallery

Horst Seehofer

Seit der Zeit, als Graf Montgelas französischer Statthalter in München war und Bayern sich an der Seite des Erzfeindes Napoleon gegen das Heilige Römische Reich Deutscher Nation verschworen hat, gehört es zu den vornehmsten Privilegien der bayerischen Ministerpräsidenten, mit dekorativen französischen Karnevalsorden ausgezeichnet und von pathetischen französischen Historienmalern in Öl verewigt zu werden. Wir sehen hier den frisch ins höchste bayerische Amt beförderten Horst Seehofer in der Prachtuniform eines »Chevaliers« vom »Ordre du Saint Esprit« mit dem Blechstern der »Légion d'honneur« und mit einem »Croix de Saint André« auf der stolzgeschwellten Brust, gemalt von Hippolyte Delaroche, dem Schwiegersohn des Präsidenten vom Institut français in Rom.

■ Hippolyte Delaroche (1797–1856), **Marquis de Pastoret**
1829, Boston, Museum of Fine Arts

Hans-Dietrich Genscher, Norbert Blüm, Egon Bahr & Erhard Eppler

Die Seneca-Connection, ein überparteiliches Netzwerk von Politiksenioren, trifft sich einmal im Monat neben der Seneca-Büste im Besuchercafé des Pergamonmuseums auf der Berliner Museumsinsel. Erkennungszeichen ist die Tulpe, die man dem römischen Philosophen als Zeichen der Verehrung darbietet. Tatsächlich handelt es sich bei dem Männerbund nicht nur um einen politischen Debattierclub, sondern um eine Schattenregierung, die jederzeit die zentralen Schaltstellen der Macht wieder übernehmen könnte.

Die Biografie des Namensgebers sollte eigentlich eine Warnung sein, dem politischen Instinkt weiser alter Philosophen besser nicht zu vertrauen. Senecas intellektuelles Ziehkind war der Tyrann Nero, und dieser hat seinen großen Lehrer später in den Selbstmord getrieben. Peter Paul Rubens, der die illustre Runde hier gemalt hat, ist aus dem Verein ausgetreten, um sich lieber dem weit mächtigeren »Andenpakt« von ehemaligen Junge-Union-Mitgliedern anzuschließen.

■ Peter Paul Rubens (1577–1640), **Die vier Philosophen**
1611–1612, Florenz, Palazzo Pitti

Claudia Roth &
Hans-Christian Ströbele

Nicht erst seit dem Aufkommen der Umwelt- und Antiatom-kraftbewegung schätzt man in Deutschland die elysischen Naturbilder von Antoine Watteau. Schon unser alter Preußen-könig Fritz hat bedeutende Teile seines Œuvres aufgekauft, darunter beispielsweise das Meisterwerk »Einschiffung nach Kythera«. Kythera ist die Insel der Glücklichen und Verliebten aus der griechischen Mythologie.

Das Bild von den beiden Grünen-Politikern Claudia Roth und Hans-Christian Ströbele ist offensichtlich später entstanden. Angeregt von Watteaus Kythera-Gemälde, hatte Ströbele inmit-ten der Spree eine »Liebesinsel« anlegen lassen, die Jung und Alt verlockt, mit einem Tretboot zum arkadischen Schäferspiel überzusetzen. Auch Watteau war, wie man sieht, von der Schön-heit der Insel begeistert, wenngleich der Gesichtsausdruck von Frau Roth anzudeuten scheint, dass sie nicht völlig mit Ströbe-les unpolitischer Verwendung der bewilligten EU-Fördermittel einverstanden ist.

■ Antoine Watteau (1684–1721), **Die Schmollende**, 1718,
St. Petersburg, Eremitage

Wolfgang Bosbach

Nebeneinkünfte von Abgeordneten standen früher oft im Ruch, tatsächlich keine Arbeitsentlohnungen, sondern verkappte Bestechungsgelder zu sein. Bei Wolfgang Bosbach wäre ein solcher Verdacht abwegig. Die bekannt gewordenen Zahlungen von einem großen Telekommunikationsunternehmen und von einem Versicherungskonzern sind hart erarbeitet, wie man sofort sieht, wenn man sich die aktuellen Werbeanzeigen anschaut. Überraschenderweise wirbt dort der deutsche Marktführer für Telekommunikationsdienstleistungen mit dem exakt gleichen Bildmotiv, das ein paar Seiten später auch ein Anbieter von Rechtsschutzversicherungen für seine Werbeanzeige verwendet hat. Dort soll das Bild aber offenbar den altgriechischen Rachegott Nemesis darstellen.

Bei aller finanzieller Entschädigung wird niemand Bosbach um die sicherlich nervenaufreibenden Stunden beneiden, die er um Modell zu stehen bei dem zuweilen cholerischen Maler Franz von Stuck hat verbringen müssen.

■ Franz von Stuck (1863–1928), **Der Wächter am Paradies**
1889, München, Museum Villa Stuck

Christian Ude

Da es in München nur eine rudimentäre Version des Karnevals gibt, mussten andere Formen der Herrscherverspottung erfunden werden. Und so beauftragt die bayerische Landeshaupstadt, wenn in Köln und Mainz die Närrinnen das Rathaus stürmen und allen Autoritätspersonen die Krawatten abschneiden, jedes Jahr einen vornehmen, zumeist ausländischen Humoristen, um vom hochverehrten Herrn Oberbürgermeister ein edel in Öl ausgeführtes Spottbild anzufertigen. Die Kosten für den Steuerzahler rechtfertigt man mit dem bleibenden Wert als Investition in den Kulturstandort München, obwohl das Bild zumeist nur ein paar Wochen lang öffentlich in der Bierhalle am Nockherberg ausgestellt wird, ehe es dann auf der Auer Dult verscherbelt wird und man das Ganze dann als »Wirtschaftsförderung für den lokalen Trödelhandel« verbucht. Letztes Jahr wurde Christian Ude von François Brunery, einem in Paris lebenden Italiener, dessen »sympathischer Humor« allseits und sogar in Kirchenkreisen hoch gelobt wurde, gemalt.

■ François Brunery (1849–1926), **Eitelkeit**, 1889,
In Privatbesitz

Karl Lauterbach

Bekanntermaßen haben mächtige Lobbygruppen auf den Kopf von Karl Lauterbach eine nicht gerade kleine Kopfpauschale ausgesetzt. Lauterbach hat ein Angebot, das man nicht ablehnen kann, abgelehnt und den Vorschlägen der wohlmeinenden Pharma- und Ärztegesellschaften widersprochen. So viel Dummheit und Besserwisserei wird normalerweise bestraft. Das Fahndungsbild, das Jacques-Louis David für den Steckbrief von Karl Lauterbach gemalt hat, ist aber nur ein freundlicher Scherz. Tatsächlich hat David seinen alten Freund hier nur auf die Schnelle schon mal gemalt, um nicht den Fehler zu wiederholen, der ihm zwei Jahre zuvor mit seinem anderen Freund Jean Paul Marat passiert war: Als die beiden endlich einen Termin für das Modellsitzen und Malen gefunden hatten, war es schon zu spät, und David konnte am vereinbarten Tag nur das inzwischen weltberühmte Meisterwerk »Der Tod des Marat« anfertigen. Es zeigt den Unruhestifter in der Badewanne, erstochen von der professionellen Auftragsmörderin Charlotte Corday.

Jacques-Louis David (1748–1825), **Porträt von Jacobus Blauw**, 1795, London, The National Gallery

Angela Merkel

Über den Vater von Friedrich August von Kaulbach, den Historienmaler Friedrich Wilhelm Christian Theodor Kaulbach, kann man bei Wikipedia diese klugen Worte lesen: »Seine zahlreichen Bildnisse enthalten dem damaligen Zeitgeschmack entsprechend oft eine leicht theatralische Überzeichnung, oberflächliche Eleganz und flaue Farbe.« Wie nahe der Apfel vom Stamm gefallen ist, zeigt dieses Gemälde von Kaulbach dem Jüngeren. »Deutschland befriedet den Hindukusch« ist der Titel; abgebildet ist die Bundeskanzlerin Angela Merkel kurz nach dem legendären Afghanistan-Beschluss des Deutschen Bundestags. Eine erste Version des Bildes hängt im Deutschen Historischen Museum in Berlin, und dort kann man auf einer Informationstafel lesen: »Ihr martialisch-entschlossenes Auftreten entspricht einem patriotisch-fanatischen Rausch [...], wie sich auch das innere Brennen im Äußeren widerspiegelt.« – Nüchtern betrachtet, kann man sich des Eindrucks nicht erwehren, dass den Ausstellungsmachern bei diesem Text die Fantasie durchgegangen ist.

Friedrich August von Kaulbach (1850–1920), **Germania**
1914, Berlin, Deutsches Historisches Museum

Ole von Beust

Sich im Stil des blonden Hans von der Reeperbahn, des großen
Hans Albers zu kleiden, gehört in der Freien und Hansestadt
Hamburg zum guten Ton. Wie auch das Understatement, even-
tuelle Adelstitel und Abstammungslinien nur diskret anzudeuten und sich allenfalls, soweit das die Contenance erlaubt,
»volkstümlich« zu geben. Für Carl-Friedrich Arp Ole Freiherr
von Beust war es, so dürfen wir annehmen, eine Selbstver-
ständlichkeit, sich, wenn überhaupt, dann nur von »Edgar Degas« in Öl auf Leinwand verewigen zu lassen – wie sich Hilaire
Germain de Gas, Spross eines uralten französischen Aristokra-
tengeschlechts, als Künstler dem gemeinen Volk gegenüber
nannte.

■ Edgar Degas (1834–1917), **Achille De Gas in der
Uniform eines Kadetten**, 1857, Washington D.C.,
National Gallery of Art

Helmut Schmidt

Für die vom amerikanischen Historiker Fritz Stern geplante Doppelbiografie »Otto von Bismarck und Helmut Schmidt« hat der Franzose Henri de Toulouse-Lautrec diesen Titelbildentwurf mit Anspielung auf die berühmte Karikatur aus dem englischen Satiremagazin Punch, »Dropping the Pilot«, eingereicht. – Der Lotse ist von Bord gegangen. Helmut Schmidt erfreut sich als Freizeitkapitän auf der Außenalster, während der Ozeanriese »Deutschland« unter Volldampf Kurs auf die nächste Sandbank nimmt. Noch ehe das Buch überhaupt erschienen, geschweige denn fertig geschrieben ist, wird es in den Feuilletons schon als wichtigstes Sachbuch der 2010er-Jahre gefeiert.

■ Henri de Toulouse-Lautrec (1864–1901)
Emile Davoust, 1889, In Privatbesitz

Sahra Wagenknecht

Das Verhältnis des Staates zu seinen kommunistischen Mitbürgerinnen und Mitbürgern war schon immer angespannt. Seitdem es nur noch so wenige bekennende Kommunisten gibt, ist es noch komplizierter geworden, denn aus der bekannten Trägheit der Bürokratie heraus wurde der Etat für die Kommunistenbeaufsichtigung nicht verkleinert. Auf diesem nach dem Informationsfreiheitsgesetz deklassifizierten Bild von Sahra Wagenknecht mit ihrer offensichtlich zur Tarnung an der Hand gehaltenen Nichte sehen wir neben den beiden uniformierten Staatsschützern nicht weniger als fünf zusätzlich zu ihrer Überwachung eingesetzte verdeckte Ermittler.

Das Überangebot an Geld, Personal und Langeweile beim Verfassungsschutz hat aus der Kommunistenüberwachung eine eigene Kunstrichtung mit bemerkenswert hochwertigen Resultaten entstehen lassen. Dass der Ungar Károly Ferenczy, der dieses Überwachungsbild zeichnete, offenbar auch als inoffizieller Verfassungsschutzmitarbeiter tätig war, wusste man bislang nicht. In Bildkomposition und Farbgebung ist es jedenfalls meisterhaft.

■ Károly Ferenczy (1862–1917), **Vor den Plakaten**, 1891, Budapest, Ungarische Nationalgalerie

Karl-Theodor zu Guttenberg &
Horst Seehofer

Constantin Hansen war bei dem Ereignis, das er hier als Sze-
nenentwurf für den geplanten Film »Der Pate IV« von Francis
Ford Coppola ausgemalt hat, nicht selbst anwesend, was die
maßlose Idealisierung der Umstände erklärt. Tatsächlich hatte
damals Horst Seehofer seinem zu mächtig gewordenen Rivalen
den geflochtenen Kranz aus Blättern des Alpenländischen Gift-
lorbeers (»Laurus intrigatus stoiberii«) in einem schlichten
Hinterzimmer der Bayerischen Staatskanzlei überreicht, und,
abgesehen von den Bodyguards der beiden, waren auch keine
weiteren Zeugen zugelassen.

Nach den ungeschriebenen Gesetzen der Christlich-Sozialen-
Union muss ein derart »Geehrter« unverzüglich seine Heimat
verlassen. Er darf aber beispielsweise im fernen Preußen ge-
fahrlos weiterhin seinen Geschäften nachgehen und dabei
durchaus auch Karriere machen.

Constantin Hansen (1804–1880)
Oehlenschläger und Tegner, 1866,
Frederiksborg, Det Nationalhistoriske Museum

Angela Merkel & Ronald Pofalla

Wann immer Griechenland in wirtschaftliche Schwierigkeiten geriet, hat man sich einen finanzkräftigen Aristokraten des deutschen Hochadels ins Land geholt, um ihn zum gewählten Monarchen zu machen und zu bitten, die Misere aus eigener Tasche zu beseitigen. Und wenn der moralische Appell an das Pflichtgefühl, der Wiege der europäischen Kultur beizustehen, nicht genügte, half die Verführung mit Prunk und Pomp des griechischen Hofstaats.

Als jüngst Griechenland einmal wieder ein paar liquide Mittel benötigte, wurde Angela von Mecklenburg-Vorpommern, Kanzlerin aller Deutschen, der verwaiste Königsthron angeboten. Und um das Ansinnen etwas schmackhafter zu machen, bekam der berühmte und teure Peter Paul Rubens den Auftrag, ein prächtiges Ölgemälde anzufertigen, das Würde und Größe eines finanziellen Engagements in griechischen Staatsanleihen verherrlichen sollte. Die so Beschenkte musste aus Sparsamkeitsgründen leider höflich ablehnen, und das Bild wurde dem Konkursverwalter zur Zwangsversteigerung übergeben.

■ Peter Paul Rubens (1577–1640)
Alathea Talbot, Gräfin in Shrewsbury (Detail), 1620, München, Alte Pinakothek

Margot Käßmann

Die Frage, die die Boulevardpresse so lange beschäftigt hat, ist beantwortet. Das ganze Theater war ja auch schon unerträglich und peinlich geworden. Mit der Entdeckung dieses Gemäldes, das man eindeutig dem niederländischen Genremaler Gerard ter Borch dem Jüngeren zuordnen kann, ist die Sache nun ein für alle Male geklärt.

Also, es war ebenjener Herr ter Borch, ein Mann von tadellosem moralischem Ruf, Friedensaktivist, verkehrt in besten Kreisen. Und der Anlass jenes alkoholischen Abends ist hiermit auch offensichtlich: Es ging um eine dienstlich erforderliche Weinprobe zur Auswahl des zukünftigen Lieferanten von Messweinen für die evangelisch-lutherische Landeskirche Hannover – bekanntermaßen keine Weinregion, die von lokalen Winzern versorgt werden kann. Auf dem Tisch sieht man den Bewertungsbogen der Degustation. Nur hätte die Bischöfin anschließend Herrn ter Borch, der selbst keinen Führerschein besitzt, nicht mit dem Auto nach Hause fahren sollen. Aber hierüber hat die Boulevardpresse schon alles geschrieben, was zu sagen ist.

■ Gerard ter Borch (1617–1681), **Frau mit Weinglas**
1656–1657, Frankfurt a.M., Städelsches Kunstinstitut

Josef Ackermann

Vom Erschaffer dieses Bildnisses, Salomon Koninck, ist eigentlich nur bekannt, dass er seinen Lebensunterhalt damit bestritt, durch Senioren- und Pflegeheime zu tingeln und gegen gute Bezahlung alte Männer auf Leinwand zu pinseln. In einem erhaltenen Werbeprospekt schrieb er ganz unbescheiden über sein Talent, „Philosophie, Weisheit und Lebenserfahrung eines erfüllten Lebens [...] glaubwürdig und lebensecht" für die Nachwelt »in einem Kunstwerk von bleibendem Wert« verewigen zu können.

Dass er auch für den Frankfurter Banker Josef Ackermann ein Ölgemälde angefertigt hat, war bisher unbekannt. Es zeigt den Vorstandsvorsitzenden der Deutschen Bank beim sorgfältigen Abwiegen einzelner Erdnüsse mittels einer Goldwaage. Ganz offensichtlich war Ackermann sehr daran gelegen, den Imageschaden seines Vor-Vorgängers Hilmar Kopper zu reparieren, der seinerzeit Millionenverluste seiner Bank leichtsinnig als »Peanuts« bezeichnet hatte. Ganz nach dem Motto »Wer die Erdnuss nicht ehrt, ist der Bankenrettung nicht wert.«

Salomon Koninck (1609–1656), **Der Goldwieger**, 1654, Rotterdam, Museum Boijmans Van Beuningen

Dieter Bohlen

Wir sehen hier die Rache eines Verlierers. Schon während seiner Jugendjahre im evangelisch-reformierten Knabenchor von Zürich wollte Johann Heinrich Füssli eigentlich nur eines: Schlagersänger werden, seine selbst gereimten romantischen Lieder von Liebe und Sehnsucht in die Welt hinausträllern, von Groupies bejubelt werden. Und dann das: »Du singst wie ein Gartenzwerg auf Ecstasy.« Dieser Satz vom Juror der Casting-Show »Deutschland sucht den Superstar«, Dieter Bohlen, und der Lebenstraum war futsch. Tatsächlich konnte Füssli aber später als Shakespeare-Übersetzer und als Maler durchaus noch Karriere machen.

Das Bildmotiv »Der Nachtmahr« war quasi seine Standard-heimzahlung für zahlreiche Kränkungen, die Füssli in seinem Künstlerleben erdulden musste, und ist in vielen Variationen erhalten. Dass auch eine Version mit Dieter Bohlen als Gnom, der Euterpe, die Muse der Sangeskunst, ins Koma versetzt, existiert, war bisher unbekannt, ist aber – nach dem berühmten Bild aus Füsslis Shakespeare-Zyklus »Titania liebkost den eselsköpfigen Bohlen« – nicht wirklich überraschend.

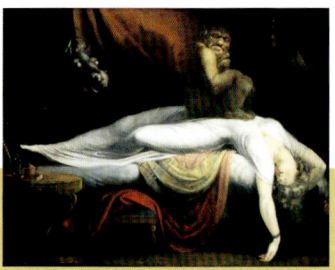

■ Johann Heinrich Füssli (1741–1825), **Der Nachtmahr**, 1781, Detroit, Institute of Fine Arts

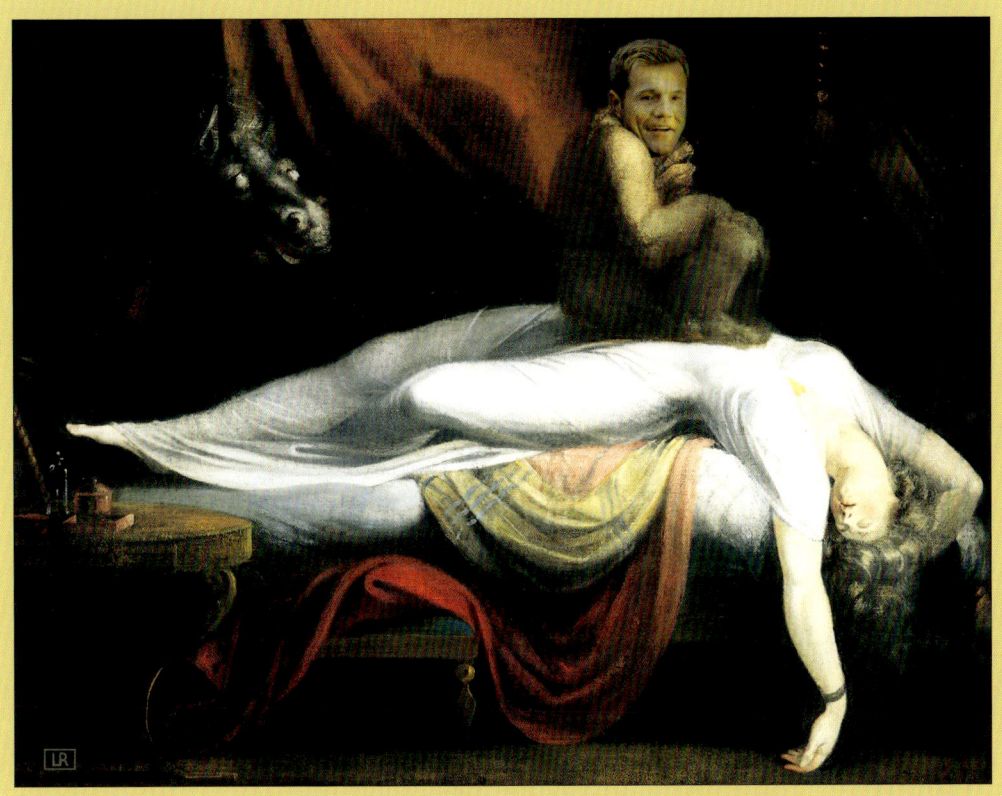

Iris Berben

John William Godward hielt sich selbst für einen Avantgardis-
ten, für ein künstlerisches Genie und einen Revolutionär. In
diesem Glauben lebte er und malte glücklich und zufrieden Bilder mit antik-romantischen Motiven. Aber dann, eines Tages
in seinem 61. Lebensjahr, so schreiben seine Biografen, besuch-
te er ein überregionales Kunstmuseum, entdeckte dort Bilder
von Pablo Picasso und verübte eine Woche später mit dem Aus-
ruf »Die Welt ist nicht groß genug, mich und Picasso zu beher-
bergen!« Selbstmord. Ob das stimmt, lässt sich heute nur noch
schwer überprüfen, weil seine Familie fast sämtliche bemalten
Leinwände aus seinem Nachlass vernichtet hat. Dieses Bild hat
den Ikonoklasmus überlebt – vermutlich aus Respekt für die
abgebildete Iris Berben, die sich nicht nur als Schauspielerin,
sondern auch durch ihr soziales Engagement gegen Fanatis-
mus hervorgetan hat.

■ John William Godward (1861–1922), **Am Tor des Tempels**
(Detail), 1898, In Privatbesitz

Stefan Raab

Nach neuerlichen Beschwerden über die permanente Neigung von Stefan Raab, schwächere und nicht so medienerfahrene Mitmenschen in seinen Fernsehsendungen zum öffentlichen Gespött zu machen, sann die Selbsthilfegruppe der kulturschaffenden Stefan-Raab-Opfer (SDKSRO) auf Rache und beauftragte John Everett Millais, nun seinerseits in der Privatsphäre von Stefan Raab herumzuschnüffeln und möglichst peinliche und entlarvende Ölbilder anzufertigen.

Millais war mit dieser Aufgabe komplett überfordert. Zwar behauptete er später, das hier gezeigte Bild habe er im Garten von Raabs Kölner Villa gemalt und es beweise, dass Stefan Raab für seine Musik unerlaubt die Ideen von Luftgeistern geklaut hat. Aber einerseits ist es nicht wirklich so peinlich, wie sich die SDKSRO das erhofft hatte. Und andererseits gibt es erhebliche Zweifel an der Glaubwürdigkeit von Millais' Beobachtungsgabe, denn objektiv und wissenschaftlich gesehen, existieren keine Luftgeister.

■ Sir John Everett Millais (1829–1896), **Ferdinand lauscht Ariel**, 1852, In Privatbesitz

Uschi Glas

Der als WG-Genosse von Daniel Cohn-Bendit sozialisierte Jacques-Louis David ist eigentlich ein echter Altachtundsechziger. Er malte Revolutionäre und Straßenschlachten, geriet öfter mit dem Gesetz oder der Staatsmacht in Konflikt und musste zeitweilig in den Untergrund abtauchen. Aber der Kommerz korrumpiert alle, und irgendwann ist selbst die röteste Socke bürgerlich. Für David hieß das: Existenz als Creative Director in einer Werbeagentur. In dieser Funktion erschuf er – Photoshop sei Dank! – das hier gezeigte Anzeigenmotiv für die »Uschi Glas hautnah Face Cream«-Collection. Auch Uschi Glas war in Jugendjahren eine Linke, hat aber schon unter Franz Josef Strauß das Lager gewechselt und bekennt seither offen und frei ihre konservative Gesinnung. Ihr beruflicher Abstecher in die Kosmetikindustrie war, so hört man, ökonomisch trotzdem eher ein Desaster.

■ Jacques-Louis David (1748–1825), **Porträt der Countess Daru**, 1810, New York, The Frick Collection

Günther Jauch

Was haben die Menschen eigentlich so die ganze Zeit gemacht, als Facebook, Fernsehen und Fernreise noch nicht erfunden waren – also vor ein paar Dutzend Jahren? Ihre Nachbarn besucht! Persönlich, ohne Vorankündigungs-SMS! Aber es gab schon damals ein ausgeklügeltes System von Konventionen, Etiketten und Visitenkarten, die solche Spontanbesuche reglementierten – und die praktische Erfindung des »Jour fixe«, einem von besonders extrovertierten Nachbarinnen organisierten wöchentlichen Gesellschaftstag für ein ungezwungenes erstes Kennenlernen.

Günther Jauch, der Meister des Retro-Avantgardismus im Showgeschäft, hat diese Zeit für das Fernsehen wieder aufleben lassen und einen Talk im Salon der Töchter und Enkel von Madame de Staël organisiert. Bei den Dreh- und Malarbeiten dabei war Charles Joseph Frederick Soulacroix (nicht zu verwechseln mit seinem Sohn Frederic Soulacroix, der so ähnlich gemalt hat), der diese Zeiten noch aus eigener Erfahrung kannte.

■ Charles Joseph Frederick Soulacroix (1825–1879)
Der Besucher am Nachmittag, undatiert, In Privatbesitz

Jogi Löw & Oliver Bierhoff

Als Mitglied im Netzwerk der Investigativen Ölmaler war William Sidney Mount immer auf der Suche nach dem Scoop, der großen, von ihm aufgedeckten Skandalgeschichte, die eines seiner Gemälde auf die Titelseite eines großen überregionalen Nachrichtenmagazins bringt. Mit diesem Bild, das angeblich einen Freudentanz von Jogi Löw und Oliver Bierhoff nach erfolgreichen Geheimverhandlungen über ihre Vertragsverlängerung bei der deutschen Nationalelf zeigt, schaffte es Mount immerhin zu einer Veröffentlichung im Web-Blog eines freiberuflichen Sportjournalisten – und das auch nur, weil er kühn behauptet hatte, dass der so wissend in sich hineinlächelnde Herr mit dem Hut rechts hinten in der Ecke Theo Zwanziger mit einem falschen Bart sei. Möglich, aber sehr unwahrscheinlich! Sehr viel näherliegend hat Mount hier nur eine Freudenfeier über das übliche deutsche Losglück bei der Vorrundenauswahl zur Fußball-Weltmeisterschaft gemalt.

■ William Sidney Mount (1807–1868), **Tanz der Heumacher**
1845, New York, The Museums at Stony Brook

Franz Beckenbauer &
Uli Hoeneß

»Eintracht bedeutet Stärke« lautet der Titel dieses Bildes, und an der Stärke des FC Bayern München, der gerade mal wieder wie so oft Deutscher Meister wurde, gibt es auch nichts auszusetzen. Obwohl es mit der Eintracht zwischen den beiden Händchen haltenden Abgebildeten bekanntermaßen nicht immer so gut bestellt ist.

Jedenfalls ist das Bild vom Präsidenten Uli Hoeneß und Ehrenpräsidenten Franz Beckenbauer, das der klandestin in München lebende Ungar Károly Ferenczy ohne Auftrag angefertigt hat, erstaunlicherweise bei Freunden und Gegnern des Fußballvereins gleichermaßen beliebt. Letztere vermarkten es unter dem ungenehmigten Titel »Die Bayern-Dusel«, und angeblich verwendet man auf Schalke eine Kopie davon als Zielscheibe für das Training der noch ausbaufähigen Treffsicherheit von Torschüssen.

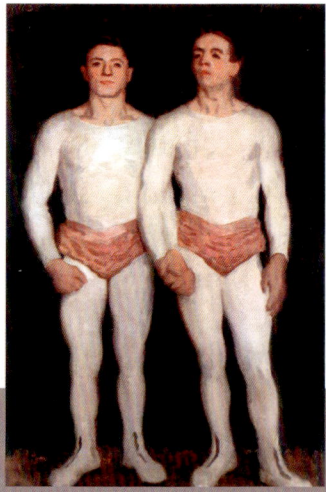

■ Károly Ferenczy (1862–1917), **Akrobaten**, 1913,
Budapest, Historisches Museum

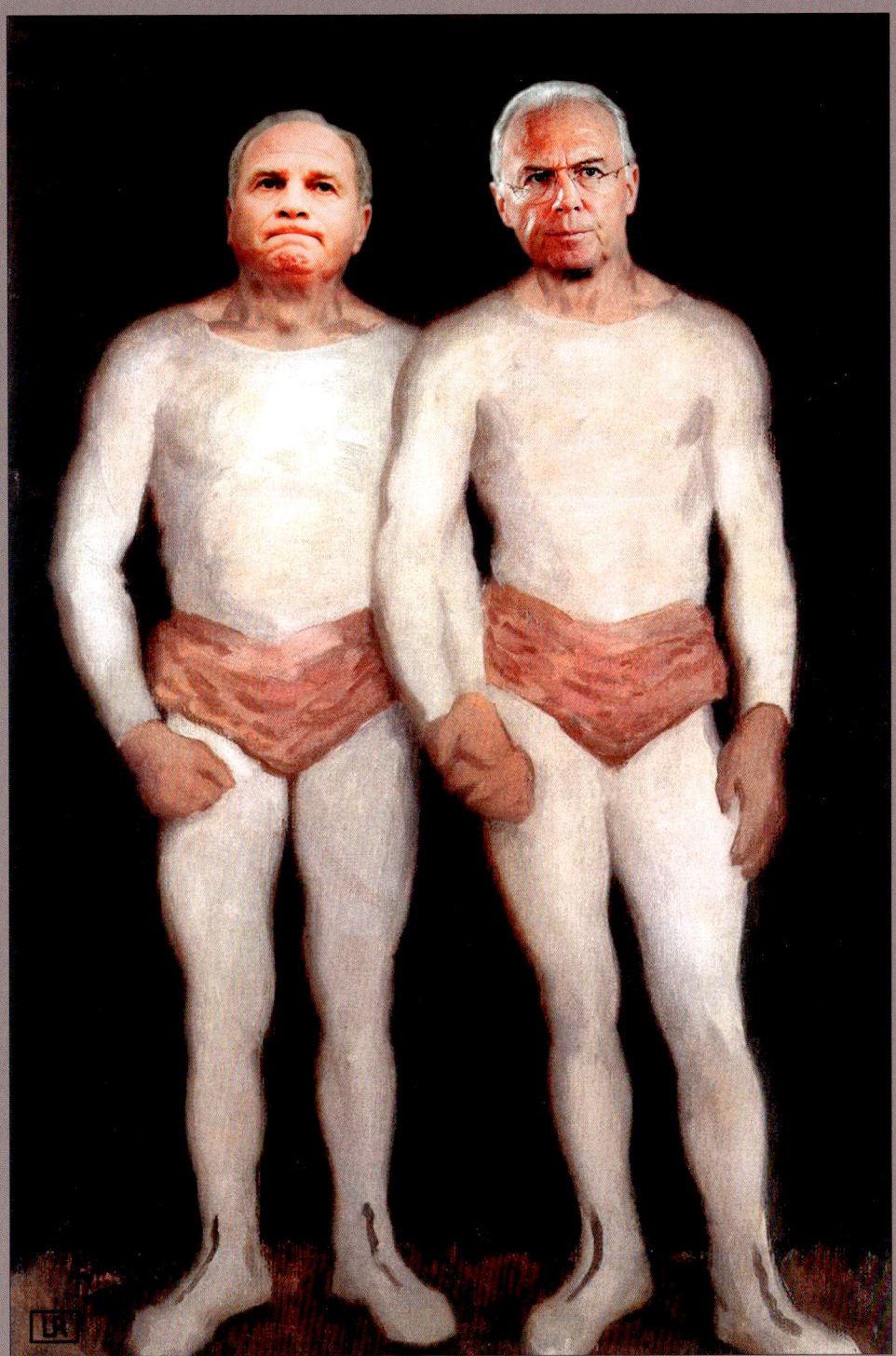

Elizabeth II. & Prinz Philip

Falls tatsächlich Ferdinand Leeke von Elizabeth II., der Königin des Vereinigten Königreichs, beauftragt wurde, ein gemeinsames Porträt von ihr mit ihrem Gatten Philip als »Ritter Lohengrin mit Elsa von Brabant« anzufertigen, könnte das ein geheimes Zeichen sein, doch noch einmal die wahre Herkunft von Philip zu hinterfragen. Lohengrin war bekanntlich der Hohe Ritter vom Heiligen Gral, der die schöne Elsa gerettet und anschließend geheiratet hat. Aber weil er seine Zauberkräfte nur besaß, solange niemand von seiner Herkunft wusste, bat er Elsa, ihn nicht danach zu fragen. Elsa hat ihn dann doch gefragt, mit den aus der Wagneroper bekannten Konsequenzen. Elizabeth II. hingegen hat ihren Gatten offenbar nie gefragt. Und in der Öffentlichkeit wurde die offizielle Geschichte von der Mesalliance mit dem einfachen Kriegsmarineoffizier Philip Mountbatten, einem angeblich fernen Spross aus dem niederen hessischen Titularadel, nie in Zweifel gezogen. Aber wir wollen hier nicht spekulieren, sondern wünschen dem Paar lieber noch viele glückliche Ehejahre.

Ferdinand Leeke (1859–1923), **Lohengrin**, 1916, In Privatbesitz

Charles & Camilla

Da die langen Monate zwischen den Fußballwelt- und Europa-
meisterschaften schlecht fürs Geschäft mit Sammelklebebil-
dern sind, kam ein bekannter Schokokeksproduzent auf die
Idee, in dieser Zeit die Fußballspieler durch Helden der Artus-
sage zu ersetzen und lebende Royals und Promis als Modelle
zu nehmen. Mit den Malarbeiten wurde – nomen est omen –
Herbert Gustave Schmalz beauftragt, und hier sehen wir seine
Interpretation des Ritters Galahad, dargestellt durch den englischen Thronfolger Charles.

Sir Galahad war der Sage nach der Sohn von Lancelot und der-
jenige Ritter der Tafelrunde, der schließlich den Heiligen Gral
gefunden hat. Aber warum Sir Galahad auf dem Bild eine Arm-
banduhr trägt und seine Haare zu neckischen Zöpfen gefloch-
ten hat und was genau die Dame mit dem Aussehen von Camil-
la Parker Bowles da an seinem Gürtel zu schaffen hat, wollen
wir eigentlich gar nicht wissen.

■ Herbert Gustave Schmalz (1856–1935), **Sir Galahad**, 1881,
In Privatbesitz

Angela Merkel

Helmut Kohl hat in dem von ihm in Auftrag gegebenen Neuen Kanzleramt am Berliner Spreebogen nie selbst gewohnt. Und Gerhard Schröder ließ sich bei nächster Gelegenheit einfach abwählen, nachdem er in den 2001 fertiggestellten Neubau – vom Volksmund schlicht »Elefantenklo« oder »Bundeswaschmaschine« genannt – umziehen musste. Nachdem Angela Merkel einsah, dass wohl für lange Jahre das Amt der Bundeskanzlerin an ihr hängen bleiben würde und für einen Abriss und Neubau schlicht kein Geld da ist, beauftragte sie einen noch nicht versnobten Künstler namens Ambrogio Lorenzetti, um wenigstens die schlimmsten Bausünden zu übertünchen. Als erste Maßnahme übermalte Lorenzetti den Eingangsbereich des Kanzleramts mit einigen großformatigen Fresken. Wie unter Künstlern aus der Gruppe der »Jungen Wiedergeborenen« der italienischen Frührenaissance üblich, hat Lorenzetti in einer Ecke des Freskos auch seine Auftraggeberin verewigt. Der Olivenzweig in der Hand von Angela Merkel war vermutlich ein Souvenir aus Griechenland.

■ Ambrogio Lorenzetti (1290–1348), **Allegorie der guten Regierung** (Detail), 1338–1340, Siena, Palazzo Pubblico

Angela Merkel & Nicolas Sarkozy

Die Anmut und Schönheit dieses Gemäldes kann nur würdigen, wer sich der hässlichen Geschichte der beiden ehemaligen Erzfeinde Deutschland und Frankreich erinnert – von Jena und Auerstedt über die Schlachtfelder von Verdun bis zum Zweiten Weltkrieg. James Tissot selbst hatte noch 1870 im Kessel von Sedan gegen die deutsche Armee gekämpft, war dann aber als Kommunarde von Paris 1871 von den eigenen französischen Truppen niedergeschlagen und zur Flucht nach England gezwungen worden. Wie kein anderer versteht er es auf seinen Gemälden, der neuen deutsch-französischen Freundschaft ein hochemotionales Antlitz zu verleihen.

■ James Jacques Joseph Tissot (1836–1902)
Der Abschied, 1871, In Privatbesitz

Helmut Schmidt, Sigmar Gabriel, Frank-Walter Steinmeier & Peer Steinbrück

Überraschend, dass der durch seine zahlreichen heroisieren-den Bismarck-Darstellungen bekannt gewordene national-konservative Akademiemaler Anton von Werner hier die Parteifunktionäre der von Bismarck verbotenen Sozialdemo-kraten gemalt hat. Aber dann konnte er sich offenbar auch Sozialdemokraten nicht anders vorstellen als einen Altherren-club von Uniformträgern. O wenn er doch vorher einmal eine Präsidiumssitzung des SPD-Parteivorstands in Realität erlebt hätte oder auch nur die anschließende Pressekonferenz auf Phoenix angeschaut!

■ Anton von Werner (1843–1915), **Der Kongress zu Berlin** (Ausschnitt), 1881, Berlin, Rotes Rathaus

Winfried Kretschmann

Juristisch hat Winfried Kretschmann nichts zu befürchten, weil Ölgemälde im Unterschied zu Farbfotografien kein gerichtsverwertbares Beweismittel abgeben. Am Tatbestand selbst ändert das nichts: Natürlich besaß Gustave Caillebotte im hoch ummauerten Teil seines Landguts in Petit Gennevilliers eine kleine Hanfplantage. Warum sonst war Caillebotte trotz eher mäßigem Talent als Maler der Star unter den französischen Impressionisten und als Freund und Gastgeber beliebt bis zu den Grünen und Alternativen im fernen Schwabenland? Und ja: Polizei und Staatsanwaltschaft sollten sich um wichtigere Aufgaben kümmern, als unbescholtenen Gartenfreunden ins Blumenbeet zu schauen.

■ Gustave Caillebotte (1848–1894)
Die Gärtner (Auschnitt), 1875/77, In Privatbesitz

Klaus Wowereit

Wenn Medienvertreter oder Maler nach der sogenannten »Chatham-House-Regel« zu einem inoffiziellen Hinterzimmergespräch eingeladen werden, dürfen sie zwar die hierbei gewonnenen Informationen verwenden, um sich ein allgemeines Bild der Lage zu machen, jedoch »weder die Identität noch die Zugehörigkeit eines Sprechers oder die irgendeines anderen Teilnehmers preisgeben«. Genau nach dieser Regel durfte Cornelis Troost an einem geheimen Zirkel teilnehmen, wo die Eliten der Bundeshauptstadt ihre Zukunftsvisionen entwerfen und Großprojekte planen – wie beispielsweise den neuen Hauptstadtflughafen. Streng genommen lässt sich deshalb nicht mit Gewissheit sagen, wer auf diesem Gemälde abgebildet ist und wer für den Schlamassel am Ende verantwortlich ist.

■ Cornelis Troost (1696–1750), **Rumor erat in Casa (Es wurde laut im Haus**; Ausschnitt), 1740, Den Haag, Mauritshuis

Manuela Schwesig

Auf einer seiner vielen Reisen kam Val Prinsep, ein meist sorg-
fältiger und untrüglicher Dokumentarist von Aufständen und
Sozialrevolten, auch mit dieser kleinen, aber unüberhörbaren
Protestbewegung vor dem protestantischen Dom von Schwe-
rin (gotisch, spätes 13. Jahrhundert) in Berührung und war
so gerührt von der einsamen Trommlerin, dass er vergaß, ihr
Anliegen zu dokumentieren, und nur dieses Bild von ihr in
Erinnerung blieb.

■ Valentine Cameron Prinsep (1838–1904)
Die Revolution, 1896, In Privatbesitz

Christian & Bettina Wulff

Manchmal spielt uns die Einbildung bittere Streiche: So hätte der letzte Tag von Christian und Bettina Wulff im Schloss Bellevue aussehen können. Hätte, wenn alles ein bisschen anders und besser gelaufen wäre. Jules Girardet ist zu danken, dass er mit seinem Abschiedsgemälde die Angelegenheit, von der wir nicht mehr sprechen wollen, nicht noch weiter eskaliert hat. Ja, manchmal ist es besser, eine schöne Lüge als eine traurige Wahrheit zu malen.

■ Jules Girardet (1856–1938), **Abfahrt zur Hochzeitsreise**, undatiert, In Privatbesitz

Joachim Gauck & Daniela Schadt

Manchmal, aber nur manchmal konnte der bissigste unter
den sozialkritischen Karikaturisten und Malern, William
Hogarth, auch ganz handzahm sein, etwa wenn er Porträts
seiner vielen guten alten Freunde anfertigte, wie vom großen
Shakespeare-Darsteller David Garrick oder von Joachim
Gauck, den er wohl noch aus Zeiten der Bürgerrechtsbewe-
gung kannte und der später bis ins höchste Staatsamt auf-
gestiegen ist, mit seiner Freundin Daniela Schadt.

■ William Hogarth (1697–1764), **David Garrick und seine
Frau**, 1757–64, Windor Castle, Royal Collection

Hannelore Kraft, Wolfgang Joop &
Karl Lagerfeld

Immer mal wieder entdecken Archäologen und Kunsthistoriker Dinge, die so eigentlich gar nicht existieren dürften, wie etwa die galvanische Batterie, die man in einem ägyptischen Pharaonengrab gefunden hat, oder das berühmte Voynich-Manuskript, eine kryptische Handschrift aus dem frühen 15. Jahrhundert, die mit den besten heutigen Computern noch nicht entschlüsselt werden konnte. Auch dieses Bild der volkstümlich-schlichten nordrhein-westfälischen Ministerpräsidentin Hannelore Kraft, umgeben von den beiden elitärst-verfeinerten deutschen Modeberatern Wolfgang Joop und Karl Lagerfeld, die auch sicherlich niemals zusammen am selben Projekt arbeiten würden, gibt Rätsel auf.

■ Franz Xaver Simm (1853–1918), **Vorbereitung zum Ball**, undatiert, In Privatbesitz

Angela Merkel

Und wenn wir bis dahin nicht alle pleite sind, dann wird eines Tages Angela Merkel in einer großen Liebeskoalition mit der Piratenpartei zur ewigen Kanzlerin gekürt und die Sonne wird strahlen und ein sanftes Lüftlein wird blasen und die europäische Wirtschaft wird sich in einen dauerhaften Bullenmarkt verwandeln. Der Barockmaler Guido Reni liebte die sentimentalen Bildmotive – in ihrer Komposition fast zu schön, um eines Tages wahr zu werden.

■ Guido Reni (1575–1642), **Raub der Europa**, 1630/40, London, Sammlung Denis Mahon

Horst Seehofer

Wie schwer es ein Politiker hat, im Zeitalter des Internets und
der medialen Reizüberflutung sein Bild unter die Leute zu
bringen, macht uns Horst Seehofer jeden Tag aufs Neue deutlich. Nachdem er es einige Zeit lang mit der PR-Berater-Devise
»any news is good news« probiert hatte und später sogar »Fa-
cebook-Partys« organisierte, ist er jetzt wieder zu den traditionellen Techniken der Propaganda zurückgekehrt: Hände
schütteln und Autogrammkarten verteilen. Für das Bild hat er
den französischen Qualitätslithografen Jean-Eugène Buland
engagiert, was die leichte Ähnlichkeit in seinem Aussehen
mit Napoleon erklärt.

■ Jean-Eugène Buland (1852–1926)
Propaganda, 1889, Paris, Musée d'Orsay

Wolfgang Schäuble

Hausach im Schwarzwald, Juni 2012: Bundesfinanzminister Dr. Wolfgang Schäuble erklärt einer einfachen Rentnerin aus dem Volk die Vorzüge der Europäischen Währungsunion. Dass der Maler Pompeo Massani aus dem Schuldenland Italien der Situation nur Spott abgewinnen konnte, ist offensichtlich. Was auf dem Tisch wie eine alte Zeitung aussieht, ist in Wirklichkeit ein kleiner Stapel sogenannter Eurobonds, also Ramschpapiere, die man mit gutem Gewissen wirklich niemandem zur Altersvorsorge empfehlen kann.

Pompeo Massani (1850–1920)
Der Geldzähler, undatiert, In Privatbesitz

Thilo Sarrazin

Erst im hohen Alter erkannte Thilo Sarrazin, dass sich Zivilisation, Moral und Kultur nicht durch Gene, sondern durch den freien Austausch von Ideen verbreiten, und wir alle, gleich wie privilegiert unsere Abstammung und unser bisheriger Berufsweg war, immer Lernende sind, die aktiv das Neue suchen und verstehen lernen müssen, um das Alte nicht zu verlieren. Es begann eine aufregende, aber glückliche Zeit im Leben von Thilo Sarrazin, den wir auf dieser Zeichnung des französischen Weltenbummlers Eugène Pavy beim Genießen der traditionellen arabischen Gastfreundschaft und beim Studium der Schriften von Nasr Hamid Abu Zaid sehen.

■ Eugène Pavy (1850–1905), **Ein arabischer Basar**
(Ausschnitt), 1886, In Privatbesitz

Angela Merkel &
François Hollande

Als Gegenstück zu dem deutsch-französischen Freundschafts-
gemälde des französischen Malers James Tissot auf Seite 104
stammt dieses Bild von dem geradezu urdeutschen Romanti-
ker Georg Friedrich Kersting, der als junger Mann im lützow-
schen Freikorps gekämpft hatte und für seine Tapferkeit in
der »Schlacht an der Göhrde« (16. September 1813) gegen die
vom russischen Winter dezimierten napoleonischen Truppen
sogar das Eiserne Kreuz verliehen bekam. Sein späteres Gemälde einer mittlerweile zur Routine gewordenen bilateralen
Konsultation zwischen dem französischen Staatspräsidenten
und der deutschen Kanzlerin zeichnet sich durch betonte
Langeweile und emotionsfreie Professionalität aus. Im Hin-
tergrund angedeutet: die »Wacht am Rhein« auf dem Felsen
der Loreley.

Georg Friedrich Kersting (1785–1847), **Paar am Fenster**
um 1815, Schweinfurt, Museum Georg Schäfer

Barbara Schöneberger

Es mutet heute seltsam an, dass Édouard Manet dieses harm-
lose Bild der schönen und erfolgreichen Fernsehmoderatorin
Barbara Schöneberger im Cul de Paris aus weißem Polyester-
gewebe seinerzeit zunächst nirgendwo veröffentlichen konnte, bis sich zuletzt nur das Männermagazin »Maxim« bereit-
fand, es zu drucken. Heute natürlich könnte man so bekleidet
auch problemlos tagsüber über Münchens Maximilianstraße
flanieren, es sei denn, natürlich, man heißt Barbara Schöneberger und wird von Autogrammjägern verfolgt.

■ Édouard Manet (1832–1883), **Nana**
1877, Hamburg, Kunsthalle

Florian Silbereisen

Diese Porträtstudie des gallischen Barden Troubadix (fl. 50 v. Chr.), der mit seinem schrägen Gesang die Helden seines Volkes, insbesondere Asterix und Obelix, zur Weißglut gebracht hat, stammt von einem Georges de la Tour aus dem frühen 17. Jahrhundert. In heutiger Zeit werden Bilder dieser Art insbesondere von einem Albert Uderzo gemalt und Lieder dieser Art von einem Florian Silbereisen gesungen.

■ Georges de la Tour (1593 – 1652), **Ghironda-Spieler**
1624/50, Nantes, Musée des Beaux-Arts

Maria Furtwängler

Wer Maria Furtwängler heute aus der Nähe betrachtet, stellt verwundert fest, dass sie noch immer genauso schön und jugendlich aussieht wie auf diesem Gemälde des Renaissancekünstlers Correggio aus dem frühen 16. Jahrhundert. Doch alle Schauspielerinnen wissen, dass das Geheimnis ewiger Jugend weniger Magie als vielmehr eine schwere Bürde ist – aufgehalst durch die launische Erwartungshaltung des gemeinen Publikums. Plus, natürlich, eine kleine Prise »Digital Life Design« aus der Beauty-Kollektion von Photoshop.

■ Antonio da Correggio (1489–1534), **Porträt einer Dame**
um 1520, Sankt Petersburg, Eremitage

Ranga Yogeshwar

Kids, don't try this at home! Mit Metalldrähten bei Gewitter herumzuspielen ist absolut lebensgefährlich. Bis heute bleibt es rätselhaft, wie der große Experimentalphysiker Benjamin Franklin seinerzeit seine elektrischen Experimente überleben konnte, wofür man ihn aber bis heute auf allen 100-Dollar-Noten ehrt. Wohl in sardonischem Spott zeigt Benjamin West den großen Wissenschaftserklärer Ranga Yogeshwar bei seinen populären Schauexperimenten umringt von Kinderchen, die durch unvorsichtiges Experimentieren zu Engelchen wurden. Trotzdem ist es Yogeshwar natürlich zu wünschen, dass sein Antlitz dereinst nach dem Zusammenbruch des Euro die neuen 100-Mark-Scheine zieren wird.

■ Benjamin West (1738–1820), **Benjamin Franklin zieht Elektrizität vom Himmel**, um 1816, Philadelphia Museum of Art, PA

Daniela Katzenberger

Die Meinung, dass Privatfernsehen oder überhaupt alle Medien heute nur noch geistig-moralische Umweltverschmutzung produzieren, teilen viele. John William Waterhouse aber war darüber hinaus ein rückwärtsgewandter Fortschrittsfeind und wertkonservativer Radikalromantiker. Er zeigt uns hier in einem fast schon plump zu nennenden Symbolismus Daniela Katzenberger, das stets quietschvergnügte Aushängeschild der Popkultur im Privatfernsehen, beim Verklappen giftgrüner Chemieabfälle in einer unberührten Naturlandschaft.

John William Waterhouse (1849–1917), **Circe Invidiosa**, 1892, Adelaide, Art Gallery of South Australia

Veronica Ferres & Carsten Maschmeyer

Ein traditionelles Volksmärchen aus Hannover, aufgeschrieben als »La Belle et le Parrain« von Gabrielle-Suzanne de Villeneuve, handelt von einem schönen Mädchen, das einen stattlichen und wohlhabenden Unternehmer trifft, und gerade als sie ihm ihre innige Liebe gesteht und ihn heiratet, verwandelt er sich in cin hässliches Tier, das alle, die an seinem Tische speisen, in rückgratlose Würmer verwandelt und den Staat in eine Räuberhöhle. Das Happy End ist nicht überliefert. Edmund Blair Leighton hat zahlreiche Sagen und Märchen mit farbenfrohen Bildern illustriert.

■ Edmund Blair Leighton (1853–1922), **Reicht mir eure zarte Hand und vertraut mir**, 1891, In Privatbesitz

Christine Neubauer

Das ist nun wirklich zum Hühnermelken! Offenbar braucht man heute weder als Feld-, Wald- und Wiesenschauspielerin noch als Natur- und Landschaftsmaler irgendwelche Grundkenntnisse in Naturkunde oder Landwirtschaft. Christine Neubauer und Winslow Homer, das Vollweib und der Vollpinsel, ein Fall von echter Seelenverwandtschaft?

■ Winslow Homer (1836–1910), **Das Milchmädchen**, 1878, Washington, D.C., National Gallery of Art

Katarina Witt

Ein »Schnappschuss« des italienischstämmigen Schnellmal-Paparazzo Félix Henri Giacomotti von Katarina Witt, die wir hier zwar in Schlittschuhen auf dem Eis sehen, aber nur zur schnellen Fortbewegung. Wie am Queue in ihren Händen erkennbar, war sie gerade auf dem Weg zum Billardspiel, einem Sport, den sie nach ihrer beispiellosen Karriere als Eiskunstläuferin zusammen mit einigen anderen großen Sportlerinnen mit Eifer und Ehrgeiz verfolgt.

■ Félix Henri Giacomotti (1828–1909), **Die Eisläuferin**, 1888
Musée des Beaux-Arts et D'Archéologie de Besançon

Magdalena Neuner

Ein Bild, das den Rechtsstaat wachrütteln sollte: Die prominente und allseits beliebte Sportlerin Magdalena Neuner, die nach jahrelangen Schikanen durch geisteskranke Stalker zuletzt freiwillig von ihrer Profikarriere zurückgetreten ist, präsentiert ihre private Waffensammlung. James Tissot, der ebenfalls Polizei und Justiz immer nur als bürokratische und unfähige Institutionen, die ihre Schutzaufgabe für den normalen Bürger nicht mehr erfüllen, erleben musste, hat hier ein Plädoyer für die private Selbstverteidigung gemalt. Aber wollen wir bei uns wirklich amerikanische Verhältnisse?

■ James Jacques Joseph Tissot (1836–1902)
Am Schießstand, 1869, In Privatbesitz

Philipp Lahm & Michael Ballack

Die Kunstgeschichte kann uns leider nicht sagen, was es mit diesem Gemälde auf sich hat. Man hat die Abgebildeten für Philipp Lahm (links) und Michael Ballack gehalten, aber dann: Wann und wo hätte man sie gemeinsam auf einem Siegertreppchen sehen können, und weshalb hätten sie den Pokal verdient? Die wahrscheinlichste Hypothese ist vielleicht einfach, dass das Bild um 1915 von einem Ungarn namens Károly Ferenczy gemalt wurde und Ähnlichkeiten mit lebenden deutschen Fußballern reiner Zufall sind.

■ Károly Ferenczy (1862–1917), **Athleten**, 1915,
Budapest, Ungarische Nationalgalerie

Sepp Blatter

In der Spätzeit des Römischen Imperiums umgaben sich die
Kaiser mit immer abgehobeneren Formen von Luxus und
Dekadenz, während draußen ein verelendeter Pöbel von Hoo-
ligans in religiösem Eifer die Errungenschaften der Zivilisation niederbrannte. Nach intensiver Beschäftigung mit der
Philosophie der »Ewigen Wiederkunft des Gleichen in der
Geschichte« seines Zeitgenossen Friedrich Nietzsche kam
Jean-Paul Laurens auf die Idee, den Präsidenten des Welt-
fußballverbands Sepp Blatter als Kaiser der Spätzeit des
Römischen Imperiums zu malen, der sich mit immer abgehobeneren Formen von Luxus und Dekadenz umgibt, während
draußen ein verelendeter Pöbel von Hooligans den schönen
und sportlichen Wettkampf des Fußballs mit Krawall und
Bengalos niederbrennt.

Jean-Paul Laurens (1838–1921), **Der Byzantinische Kaiser
Honorius**, 1880, Norfolk, VA, Chrysler Museum of Art

Juan Carlos I.

Wie heißt es im alten Kinderlied vom listigen Fuchs, der sein
Land ausgeplündert hat? »Seine große, lange Flinte schießt
auf dich das Schrot, schießt auf dich das Schrot, dass dich
färbt die rote Tinte und dann bist du tot …« Mit »seine« ist
natürlich nicht der Fuchs, sondern Juan Carlos I. von Spanien
gemeint, und angesichts seiner eher erratischen Trefferquote
darf bezweifelt werden, ob es wirklich so eine gute Idee ist,
wenn Staatsoberhäupter selbst zur Schusswaffe greifen.

■ Johan Tirén (1853–1911), **Elchjagd**, 1889,
Stockholm, Nationalmuseum

Carl XVI. Gustaf

Völlig unberechtigterweise schimpft die Öffentlichkeit Zeter und Mordio ob des Eskapismus von Carl XVI. Gustaf von Schweden und seiner frivolen Späße, dabei gehören selbige – in der Sprache des Managements ausgedrückt – gerade zur Kernkompetenz und Kernaufgabe jedes Monarchen. Warum sonst sollte sich ein Staatsbetrieb einen »Chief Executive König« leisten, wenn nicht zur Ablenkung des Humankapitals von seinen wirtschaftskrisengeplagten Kümmernissen mittels Komödienstadel? Wie gewissenhaft und professionell Carl XVI. Gustaf seinen Dienstpflichten nachkommt, hat Füssli in zahlreichen Theaterszenen dokumentiert wie beispielsweise der hier gezeigten.

■ Johann Heinrich Füssli (1741–1825)
Falstaff im Wäschekorb, 1792, Zürich, Kunsthaus

Angela Merkel

Das Porträt der deutschen Kanzlerin Angela Merkel am Abend
ihrer dritten Wiederwahl hat Val Prinsep nicht nach der Wirklichkeit, sondern in freier Adaption eines älteren Gemäldes
des flämischen Barockmalers Justus Sustermans aus dem Palazzo Pitti angefertigt. Im Original trägt Merkel eine schwarz-
gold-rote Deutschlandkette und statt eines Pfauenfeder-
fächers die neunschwänzige Katze.

Valentine Cameron Prinsep (1838–1904), **Leonora
von Mantua**, 1873, Liverpool, Walker Art Gallery

Norbert Lammert, Silvana Koch-Mehrin, Karl-Theodor zu Guttenberg, Annette Schavan & Jorgo Chatzimarkakis

Am Anfang stand die Idee, Politik besser, vernünftiger, wissenschaftlicher zu machen. Eine Expertenkommission wurde einberufen, überparteilich, mit ausschließlich promovierten Amtsträgern und Abgeordneten mit nachgewiesener akademischer Qualifikation – ganz in der Tradition der Philosophenkönige aus Platons »Politeia«. Ein PR-Berater hatte sogar schon das passende einheitliche Outfit im Stil altgriechischer Denker besorgt, und ein Porträtmaler aus der basisdemokratischen Schweiz wurde auch schon bezahlt. Und dann ist das dabei herausgekommen.

■ Ferdinand Hodler (1853–1918), **Die Lebensmüden**, 1892, München, Neue Pinakothek

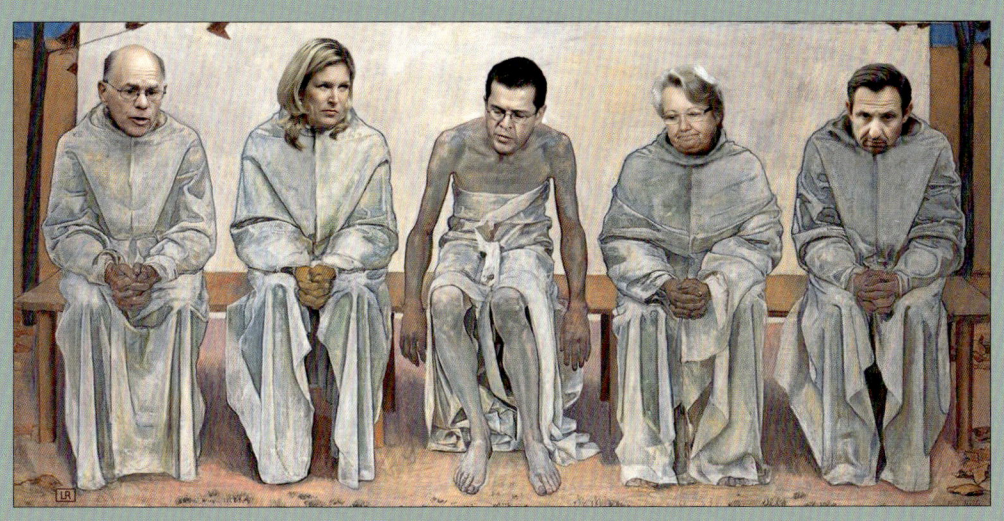

Die Wahlparty

Katrin Göring-Eckardt, Rainer Brüderle, Peer Steinbrück & Angela Merkel

Weil das Kanzlergehalt, wie Peer Steinbrück einmal zu Recht bemerkte, eigentlich lächerlich gering ist, im Vergleich zu den Bezügen beispielsweise eines Provinzsparkassendirektors, der seinen Job obendrein ganz ohne Qualifikationsnachweis, lästige Presseenthüllungen und die Belästigung durch misslaunige Wähler ausüben darf, sind Bundestagswahlen für unsere Spitzenpolitiker immer ein Anlass zum Feiern: Die Sieger bekommen eine Gratiseinladung zur Wahlparty ins Adlon. Die anderen zahlen die Rechnung, aber dürfen anschließend frei und ungeniert zu den Honigtöpfen der Privatwirtschaft wechseln. Gerüchteweise und nur dezent im Andenkenbild des Salonmalers Ludovico Marchetti angedeutet, hat Angela Merkel an diesem Abend alle Kollegen unter den Tisch getrunken.

■ Ludovico Marchetti (1853–1909), **Heiligabend im Séparée eines Restaurants**, 1893, Paris, Bibliothèque des Arts Décoratifs

Prinz William, Kate &
Baby George

Nach einigen nicht sehr amüsanten Erfahrungen mit dem
Bild, das andere ihrer königlichen Familienmitglieder in der
Öffentlichkeit abgaben, tat Elizabeth II. gut daran, für das
junge Familienglück ihres Enkels einen Maler zu beauftragen,
der dank glaubwürdiger Referenzen unzweifelhaft für diesen
Job qualifiziert ist. Überzeugend für Friedrich Eduard Meyerheim sprach insbesondere dieses Zeugnis aus der Allgemei-
nen Deutschen Biographie von 1885: »Die kleine Welt, in der
er als Meister waltet, das durch sittliche Reinheit geläuterte
Leben in ländlicher Abgeschiedenheit athmet sonnige Heiter-
keit. Darum leuchtet aus seinen Werken voll Anmuth und
Wahrheit der Empfindung der Geist der Zufriedenheit und
Ruhe, die das Wesen seiner Persönlichkeit und Kunst bilden.«

■ Friedrich Eduard Meyerheim (1808–1879),
Guten Morgen, lieber Vater (Ausschnitt), 1858,
Sankt Petersburg, Eremitage

Wolfgang Schäuble &
Angela Merkel

Als ein bei allen europäischen Wertpapierbörsen akkreditierter Zeichner von Future-Derivaten und Termingeschäften hat Quentin Massys hier schon vor sehr vielen Jahren den exakten Augenblick festgehalten, da Wolfgang Schäuble erstmals bemerkt, dass die Griechen ihre Staatsverschuldung auf Heller und Pfennig in Weißblech-Dinaren zum Wechselkurs von Eins-zu-eins für Goldeuros zurückbezahlen werden. Und das scheint tatsächlich seine Richtigkeit zu haben, wie neben ihm unerfreut Angela Merkel in der Treuhand-Bibel zur deutschen Wiedervereinigung hätte nachlesen können. Es verblüfft immer wieder, wie detailgenau bis in die feinste Mimik altflämische Meister die Zukunft in ihren Spekulationen erfassen.

Quentin Massys (1466–1530), **Der Geldwechsler und seine Frau**, 1514, Paris, Musée du Louvre

Peter Ramsauer, Alexander Dobrindt & Beate Merk

Macht, zumal von christsozialen Parteikadern, währt meist nur einen Augenblick und schon ist sie zerronnen und der Ruf ruiniert. So kurz man sie hat, muss man sie in vollen Zügen genießen, Spaß haben – und Schadenfreude – mit seinen schon gescheiterten Exkollegen; den Augenblick von Schnellmaler Tissot festhalten lassen, ehe er zerrinnt. – »In vollen Zügen!« Haha, sehr lustig, Herr Verkehrsminister, Sie bleiben das auch nicht mehr lange!

■ James Jacques Tissot (1836–1902), **Der Genesende**, 1878, Manchester, City of Manchester Art Galleries

Christine Haderthauer & Horst Seehofer

Mann und Frau, eine Parkbank neben dem Sandkasten des Spielplatzes im Englischen Garten. Ein Idyll, scheinbar, doch die Komposition von Frederik Hendrik Kaemmerer, der sich offensichtlich von Mr Neville aus dem Film »Der Kontrakt des Zeichners« (Greenaway 1982) hat inspirieren lassen, weist über das Gezeigte hinaus auf eine verborgene Wahrheit, die hart, grausam, tragisch in die vertraute Wirklichkeit eindringt. Dank journalistischer Detektivarbeit kennen wir sie heute; hier nur so viel: Es geht um Spielzeugautos.

Bernd Lucke, Christean Wagner, Erika Steinbach & Hans Olaf Henkel

Seine Werke gelten als Vorbild der Stilrichtung des sozialistischen Realismus, der Russe Ilja Jefimowitsch Repin ist gewissermaßen ein Experte für den nüchternen Blick auf politische Realitäten – wie diese: Auch wenn man für den Verfall unseres Staates korrupten Eliten die Schuld gibt und sich allenthalben einer Verschwörung durch die Systempresse ausgeliefert sieht, ist es taktisch klug, sich erst einmal ohne Öffentlichkeit zusammenzuraufen und die Alternative für Deutschland im elitären Hinterzimmerzirkel gleichsam wie eine Verschwörung zu planen, denn: »Vom Bolschewismus lernen heißt siegen lernen.«

Ilja Jefimowitsch Repin (1844–1930), **Geheimes Treffen**, 1883, Moskau, Tretjakow-Galerie

Barack Obama &
Wladimir Putin

Man könnte lachen, weil die beiden Laiendarsteller hier in unterschiedliche Richtungen am »Rad des Fortschritts« drehen, der eine vor, der andere zurück. Richtig allegorisch wird es allerdings erst, wenn man bemerkt, dass das Rad eh nur Theaterdekoration ist und starr und fest auf den Sockel geschweißt wurde. – Das alles ist eigentlich kein Witz, sondern todernst; und so hat man entschieden, das Remake von Charlie Chaplins zeitlosem Klassiker »Modern Times« (1936) nicht nur nicht mit Barack Obama und Wladimir Putin in den Hauptrollen zu drehen, sondern lieber ganz sein zu lassen.

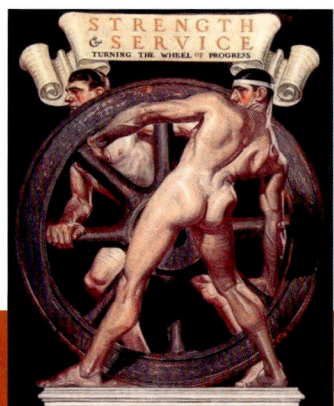

■ Frank Xavier Leyendecker (1876–1924), **Kraft und Leistung drehen das Rad des Fortschritts**, 1922, In Privatbesitz

Franz-Peter Tebartz-van Elst

Wassili Grigorjewitsch Perow, Sohn eines zarististischen Staatsanwalts in Tobolsk, Eliteausbildung an verschiedenen Kunstakademien, unter anderem in Techniken der perspektivischen Verzerrung und Beweismittelfälschung, zahlreiche Auslandsaufenthalte. Die meisten seiner Personenstudien und Charakterbilder lagern heute in der Zentralen Asservatenkammer »Tretjakow« der Moskauer Justizbehörden – es ist daher vielleicht nicht völlig abwegig zu unterstellen, dass es sich bei W. G. Perow um einen Spion des NKWD, ein Mitglied der Russenmafia oder ähnliches handeln könnte. Und kurzum: Man sollte nicht darauf wetten, dass dieses Bild eines deutschen Geistlichen tatsächlich unverfälscht nach der reinen Wahrheit abgemalt wurde.

■ Wassili Grigorjewitsch Perow (1834–1882), **Der Pilger**, 1870, Moskau, Tretjakow-Galerie

Uli Hoeneß

Ein Meisterstück des investigativen Journalismus sei es gewesen, als eine Hamburger Illustrierte mit der Entdeckung
von Schweizer Nummernkonten eines »Spitzenvertreters der
Bundesliga« herauskam. Kunststück! Die Nummern der Kon-
ten sind deutlich sichtbar auf den gemalten Zetteln in diesem
Gemälde zu sehen (in der Reproduktion aus Datenschutzgrün-
den leider verpixelt). Uli Hoeneß hatte das Bild selbst bei einem alten Niederländer in Auftrag gegeben, musste es dann
aber, nach einigen Fehlspekulationen an der Börse, verkaufen.
So landete es schließlich beim Auktionshaus Sotherby's in
London, der Auktionskatalog bei der Redaktion in Hamburg. –
Wie konnte es nur dazu kommen? Börsensucht? Eitelkeit?
Fehlendes Unrechtsbewusstsein? Nein, bloß Schusseligkeit.

Job Adriaenszoon Berckheyde (1630–1693), **Ein Notar in
seinem Büro**, 1672, In Privatbesitz

Heino

Die göttliche Kraft, die dem Hüter der Volksmusik gegeben wurde, solange er unverstanden vom Feuilleton für den heiligen Gral der Sangeskunst kämpft, versiegt, sobald die verbotene Frage nach dem tieferen Sinn von »Holdrio, duwiduwidi, holdria« gestellt wird – so oder so ähnlich kennen wir das aus der Sage vom Schwanenritter Lohengrin.

Als Heino, die Elbe hinabgezogen, auf dem Wacken Heavy-Metal-Festival erschien, verstummte das Feuilleton, und die Asen erhoben in Ehrfurcht sein Abbild nach Asgard auf Schloss Neuschwanstein, von wo aus er dereinst richten wird über die Dilettanten und über Deutschlands nächsten Superstar.

■ August von Heckel (1824–1883), **Lohengins Ankunft mit einem Boot**, 1886, Schloss Neuschwanstein

Thomas Middelhoff

Ein Bild aus besseren Tagen: Gerade hat Thomas Middelhoff
den goldenen Plunder von ein paar reichen, treuherzigen Wit-
wen versetzt und einen Stapel schöner Scheine eingesteckt.
Genug für ein paar sonnige Tage in Saint-Tropez, genug sogar,
um einen etablierten Künstler der Pariser Beau Monde für das
Andenkenbild zu engagieren. Auf Dauer konnte das natürlich
nicht gut gehen. Heute ist aus dieser Zeit nicht viel mehr als
nur dieses Bild übrig geblieben.

■ Jean Béraud (1849–1935), **Das Pfandhaus**, 1918,
In Privatbesitz

Helene Fischer

Helene Fischer gehört zu den Wenigen, die Rossetti nicht bloß gequält ertrugen, sondern zu immer neuen Exzessen anspornten. »Du bist in Vielem noch ein großes Kind, ganz genau wie ich, und dass der Tag für dich erst nachts beginnt, ja, das reizt auch mich«, reimte sie unschuldig in einem ihrer Lieder. Aber Rossetti versank immer tiefer in seinem Alkoholismus, der Chloral-Sucht und den Eskapaden, die so gar nicht zu seiner viktorianischen Zeit zu passen scheinen. »Auf der Autobahn mit dreihundert fahr'n, so was kann ich nur mit dir!« Sie sang, er malte – dieses Bild kurz vor seinem Tod, 53-jährig, aufgedunsen, depressiv und vorzeitig gealtert. »Mich total verlier'n, nichts mehr kontrollier'n!« Kürzlich wurde es bei Sotheby's für sechs Millionen Euro versteigert.

■ Dante Gabriel Rossetti (1828–1882), **Ein Weihnachtslied**, 1867, In Privatbesitz

Register

der abgebildeten Personen

Register

der Maler

Reinhold Löffler zeichnet seit 1980 Cartoons, die in vielen deutschen und ausländischen Tageszeitungen, Fachzeitschriften und Schulbüchern veröffentlicht werden. Die typischen Figuren seiner Cartoons werden immer wieder mit den Problemen des täglichen Lebens konfrontiert. Für seine Bildmontagen begibt er sich auf intensive Suche nach berühmten und auch gänzlich unbekannten Malern. Diese Bildmontagen wurden erstmals 2003 im Magazin am Wochenende der »Nürnberger Nachrichten« abgedruckt und werden seit dieser Zeit wöchentlich regelmäßig veröffentlicht. Er lebt mit seiner Familie im mittelfränkischen Dinkelsbühl an der Romantischen Straße.

Dr. Ulrich Kühne ist das Pseudonym eines gleichnamigen Kunsthistorikers, dessen überzeugenden Expertisen es zu verdanken ist, dass einige der hier gezeigten Gemälde zu Höchstpreisen von international renommierten Museen und Sammlern, die nicht genannt werden wollen, angekauft wurden, und der es seither ebenfalls vorzieht, keine Details zu seiner Identität oder seinen Aufenthaltsort preiszugeben. Sein Rechtsbeistand legt jedoch Wert auf die Mitteilung, dass er weder mit dem gleichnamigen Produzenten weltberühmter Qualitätsessiggurken noch mit dem Schweizer Sponsor eines Hamburger Fußballvereins verwandt oder verschwägert ist.

Diese Bände werden gesammelt
Ins Bild geschlichen Band 1-4

Ins Bild geschlichen - Band 1
144 Seiten, 60 Abbildungen
ISBN 978-3-938045-29-9

Ins Bild geschlichen - Band 2
144 Seiten, 60 Abbildungen
ISBN 978-3-938045-49-7

Ins Bild geschlichen - Band 3
144 Seiten, 60 Abbildungen
ISBN 978-3-938045-71-8

Ins Bild geschlichen - Band 4
144 Seiten, 60 Abbildungen
ISBN 978-3-938045-79-4

Focus
»Prophezeihungsgabe beweisen die Karikaturisten Reinhold Löffler und Ulrich Kühne«

FAZ. NET
»Ein Treffer!«

Süddeutsche Zeitung
»›Ins Bild geschlichen‹ der Phantastischen Zwei: Reinhold Löffler und Ulrich Kühne.«

RBB, Radio Berlin
»Der neue Blick auf das bekannte Personal ist immer ein Schuss in die Zwölf. Zum Piepen.«